우경화하는 일본 정치

나카노 고이치 지음 | 김수희 옮김

목차

일러두기

1. 이 책은 국립국어원 외래어 표기법에 따라 일본어를 표기하였다.

2. 일본 인명, 지명, 상호명은 본문 중 처음 등장할 시에 한자를 병기하였다.
   *인명
   예) 아베 신조安倍晋三, 고이즈미 준이치로小泉純一郎
   *지명
   예) 오사카大阪, 교토京都
   *상호명
   예) 요미우리신문読売新聞, 아사히신문朝日新聞

3. 어려운 용어는 독자의 이해를 돕기 위해 주석을 달았다. 역자 주, 편집자 주로
   구분 표시하였으며, 나머지는 저자의 주석이다.
   *용어
   예) 칠봉행七奉行(민주당의 차세대를 담당하는 유력 의원 그룹에 대한 호칭-역자 주)
       대정봉환大政奉還(1867년 일본 에도 막부가 천황에게 국가 통치권을 돌려준 사건-편집자 주)

4. 서적 제목은 겹낫표(『』)로 표시하였으며, 그 외 인용, 강조, 생각 등은 따옴표를
   사용하였다.
   *서적 제목
   예) 『자민당 정치의 변용自民党政治の変容』
       『자유주의적 개혁의 시대自由主義的改革の時代』

서장

자유화 끝에

1 현재를 있게 한 신우파 전환

일본 정치는 '우경화' 되었는가

일본은 어디로 향하고 있는 걸까. 현대 일본 정치의 전개를 어떻게 이해할 것인지가 최근 국내외에서 논쟁의 중심이 되고 있다.

한편에서는 일본 정치의 우경화가 지적되고 있다. 특히 2012년 12월 아베 신조安倍晋三(자민당 소속의 중의원 의원이자 제90·96대 일본의 내각총리대신. 2014년 12월 총선에서 또 다시 승리하여 97대 총리가 됨. 강성의 정치가로 아베노믹스로 불리는 강력한 양적완화 정책을 실시 중–역자 주)가 정권에 복귀한 후 그 복고주의적 정치신념 탓에 일본의 군국주의화를 우려하는 목소리도 높아지게 되었다. 과거가 다시금 반복될 것을 염려하는 것은 지나치게 단순한 측면도 있을 것이다. 그러나 역사수정주의적 관점을 보이는 정치가들이 드디어 일본 자민당의 주류를 이루고 있으며 다른 당 안에도 다수 보이게 되었다는 점은 결코 간과할 수 없는 사실이다.

한편 일본이라는 나라가 이제야 비로소 '보통 국가'로 향하는 노정을 막 걷기 시작했을 뿐이라는 주장도 있다. 고이즈미 준이치로小泉純一郎(강력한 리더십으로 총리로서 장기 집권 했던 강성의 정치인. 제87·88·89대 내각총리대신–역자 주)나 아베 신조가 추진해온 일련의 정책 변화란 오히려 늦은 감 있는 '근대화'나 '업데이트'에 지나지 않는다는 것이다. 경제적으로 '잃어버린 10년'을 되찾고, 중국의 대두 등 안보 환경의 변화에 대응하는 것은 극히 당연한 일이기 때문에, 그걸 가지고 호들갑을 떨며 우경화라고 부른다면 결코 온당치 못하다는 주장이다.

이 책은 일본 정치가 크게 우경화하는 와중에 있다는 입장을 취한다. 그러나 우경화가 고이즈미나 아베의 등장으로 느닷없이 시작된 것이라고는 생각하지 않으며, 아울러 아베의 퇴장으로 끝날 성질의 것이라고도 보지 않는다. 우경화 과정은 과거 30년 정도의 긴 시간적 범위 안에서 다음과 같은 특징을 보이며 전개해왔기 때문이다.

우선 첫 번째로 현대 일본에서의 우경화는 어디까지나 정치 주

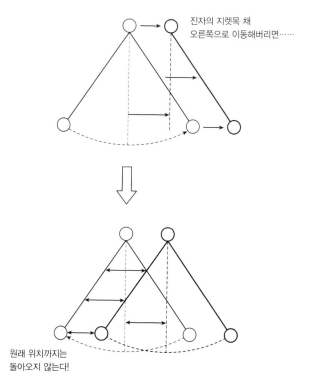

그림 1

도(보다 정확하게 말하자면 정치 엘리트 주도)이지 결코 사회 주도가 아니었다는 점이다. 근래에 이르러 우경화를 나타내는 지표가 일본 사회 안에서도 부분적으로 보이기 시작하고 있지만, 전반적으로 정계에서의 우경화 쪽이 그 시기도 빠르고 진폭도 크다. 일반 여론이 먼저 오른쪽으로 기울어지고 나서 정치가나 정당이 이에 따라가는 형태로 우경화되었던 상황은 아닌 것이다.

두 번째 특징은 우경화 과정이 단선적으로 이루어졌던 것이 아니라, 밀려왔다 쓸려가는 파도처럼, 한 번씩 번갈아가며 반대 방향으로 일시적으로 회귀했다가 다시금 진전되는 식으로, 충분한 시간을 두고 이루어졌다는 사실이다. 머릿속 이미지로 지렛목이 서서히 오른쪽으로 이동하는 진자 비슷한 것을 떠올려도 무방할 것이다(그림1). 진자가 오른쪽으로 움직일 때 지렛목도 함께 오른쪽으로 움직인다. 잠시 후 진자는 왼쪽으로도 움직이지만 원래 주기의 좌측 끝까지는 되돌아오지 않고 좀 더 오른쪽 위치에서 멈춘다.

요컨대 다시 회귀한다 해도 어느 정도까지만 되돌아올 뿐이다. 더더욱 우경화가 진척되면 그저 일시정지 혹은 감속이라고 말하는 편이 정확할 정도로 우경화가 회복 불가능해질 것이다.

세 번째는 이러한 우경화의 본질이 가히 '신우파新右派 전환'이라고 부를 만한 것이라는 점이다. 요컨대 과거부터 존재해왔던 우파가 그대로 좀 더 강해진 것이 아니라, 새로운 우파로 변질되어가는 과정에서 발생되었다는 사실이다.

실은 이러한 특질이 더더욱 우경화에 대한 올바른 이해를 어렵게 하고 있다. 바로 이런 배경 때문에 우경화가 아니라 개혁 과정이 이제야 가시적으로 보일 정도로 진척되고 있을 뿐이라고 주장하는 논자들도 적지 않은 것이다.

밀려왔다 쓸려가는 신우파 전환의 '파도'

신우파 전환의 맹아기부터 오늘에 이르기까지 주도적인 역할을 해왔던 주요한 정치 리더로 나카소네 야스히로中曽根康弘(일본의 대표적인 매파 정치가. 제71·72·73대 내각총리대신—역자 주), 오자와 이치로小沢一郎(오랜 세월에 걸쳐 일본 정당 재편을 주도한 강성의 정치인. 자민당 간사장, 신생당 대표간사, 신진당 및 자유당 당수, 민주당 대표 등 역임—역자 주), 하시모토 류타로橋本龍太郎(오자와 이치로 등과 함께 1990년대의 일본 정계를 대표하는 정치가 중 한 사람이며 자민당 내 주요 파벌인 다케시타파를 이끔. 제82·83대 내각총리대신—역자 주), 고이즈미, 그리고 아베를 들 수 있다(표1). 그리고 그 사이 우파로 밀려가는 파도의 일시적 회귀로, 1989년 참의원의원 선거에서 도이 다카코土井たか子(1986년 일본 헌정 사상 최초로 여성 당대표가 됨. 중의원 의장을 역임한 12선 의원—역자 주)가 이끈 사회당이 승리했던 것, 1994년 사회당의 무라야마 도미이치村山富市(제81대 내각총리대신과 일본사회당 위원장, 사회민주당 당수 역임. 무라야마 담화로 저명—역자 주)를 수반으로 한 자민당·사회당·신당 사키가케에 의한 연립내각 정권이 성립했던 것, 1998년 참의원 선거에서 자민당이 과반수에 실패했던 것, 2007년 참의원 선거에 의한 이른바 '뒤틀림 국회'(중의원에서 여당이 과반수 의석을 차지하고 있음에도 불구하고 참의원에서는 야당이 과반수 의석을 유지하고 있어서 중요 법안 가결이 난항을 겪는 등 국정 운영이 어려운 국회—역자 주)에 의해 2009년 민주당 정권이 탄생했던 것 등을 들 수 있다.

그러나 밀려왔다 쓸려가는 파도에 의해 조금씩 물결이 높아지고 마침내 만조를 맞이하게 되는 것처럼, 신우파 전환은 우파 그

년도	신우파 전환의 파도	회귀(일시정지·감속)
1982-87	나카소네 야스히로 '전후戰後 정치의 총결산'	
1989		자민당 참의원 선거 패배, 과반수 실패
1989-94	오자와 이치로 '정치 개혁과 정계 재편'	
1994-96		자민당·사회당·신당 사키가케에 의한 연립내각
1996-98	하시모토 류타로 '6대 개혁', '백래쉬'	
1998		자민당 참의원 선거 패배, 과반수 실패
2001-07	고이즈미 준이치로 '구조 개혁' 아베 신조 '전후 체제 탈피'	
2007-12		자민당 참의원 선거 패배, 과반수 실패 자민당 중의원 선거 패배, 민주당 정권
2012-	아베 신조 '일본을, 되찾는다', '이 길밖에는 없다'	

표 1 신우파 전환의 파도

자체의 변질을 가속화시키며, 결과적으로 일본 정치의 좌표축을 계속해서 오른쪽으로 밀려가게 했다.

우파의 질적 전환이 일어나고 있음에도 불구하고 여전히 우경화라고 총괄하는 것이 어째서 가능한 것일까. 그 이유는 '격차 사회', '사회 양극화' 혹은 '승리자 그룹', '낙오자 그룹'이란 단어가 상징하듯 내정 측면 사회 경제 정책에서 불평등이 점차 확대되어 가고 있으며 심지어 그것이 규범 레벨에서도 소극적으로나마 수용되도록 실제로 변하기 시작하고 있기 때문이다. 또한 헌법이나 교육, 치안 등, 국가와 개인과의 관계, 혹은 사회 질서를 둘러싼 문제에서도 개인의 권리나 자유가 제한되는 대신 국가의 권위나 권한이 확대되었기 때문이다. 외교 안보 정책에서도 미일 안보에 기축을 두면서 전수 방위에 일관하는 평화주의를 중시하거나 중국이나 한국을 중심으로 한 아시아 근린국들과의 화해를 지향했던 종래의 입장에서 일탈하기 시작하고 있으며 역사수정주의가 주류를 차지하면서 해외에서 전쟁에 참가할 수 있는 나라로 변하고 있다.

신우파 전환 과정에서 이러한 정책 변화를 '개혁'이라고 표방하게 된 것 역시 사실이다. 그러나 애당초 '평등 지향·개인의 자유 존중·반전 평화주의(비둘기파)·식민지주의에 대한 반성과 사죄'를 왼쪽에, '불평등이나 계층 간 격차의 시인·국가에 의한 질서 관리의 강화·군사력에 의한 억지 중시(매파)·역사수정주의'를 오른쪽에 각각 놓고 정치 좌표축을 파악하는 것은, 비단 일본에서만이 아니라 해외에서도 상당히 일반적으로 받아들여지고 있다. 이렇게 보면 나카소네 정권 이후 일본의 정치가 점차 우경화되었다는 것은 객관적으로도 관찰할 수 있는 사실로 어느 정도 공유될 수 있지 않을까.

물론 이러한 우경화의 결과, 현재의 일본 정치가 다른 나라와 비교해서 어떤 평가를 받고 있는가도 매우 중요한 문제다. 그도 그럴 것이 우경화라는 평가에 반발하는 의견 대부분이, 일본에서 현재 여러 가지 '개혁'이 시도되고 있다 해도 전반적으로 볼 때 여전히 너무 좌측에 치우쳐 있으며, 이래서는 '보통 국가'라는 말조차 쓸 수 없다는 현상 인식을 가지고 있다. 이런 중요한 논점에 대해서는 본서의 분석을 거쳐 다시 한 번 다뤄보고 싶다.

세계 속의 신우파 전환

아울러 또 하나 중요한 것은 신우파 전환에 의해 정치 좌표축이 오른쪽으로 옮겨지는 경향은 비단 일본에만 국한된 현상이 아니라 과거 약 30년 동안의 세계적 조류라고 할 수 있다는 점이다. 우경화 현상은 일본에서만 일어나는 일이 아닌 것이다.

애당초 '신우파' 즉 New Right(뉴 라이트)란 단어는 1979년에 영국에서 정권을 잡은 마가렛 대처나 1981년 미국 대통령에 취임한 로널드 레이건 등, 일본의 나카소네 야스히로와 마찬가지로 1980년대 냉전 말기를 이끈 새로운 타입의 보수 정치가를 지칭할 때 사용되었다. 국가에 따라 구체적인 정책에 차이가 있겠지만, 전통적인 가치 규범이나 사회 질서의 복권을 외치며 규제 완화나 감세 등을 통해 기업의 경제 활동을 정부 컨트롤에서 해방시키는 신자유주의적 경제 정책을 추진해갔고, 군사력 증강을 통해 매파적인 안보 정책을 추구하는 '보수 혁명'의 성질을 띤 것이었다.

대처를 예로 들어보자. 그녀는 케인즈주의 경제 정책이나 베버리지 보고서(1942년 윌리엄 베버리지가 사회 보장에 관한 문제를 조사·연구하여 영국 정부에 제출한 보고서–역자 주)를 토대로 사회보장정책을 추진한 전후戰後(제2차 세계대전 이후–편집자 주)의 영국적 '컨센서스consensus 정치'가 사람들의 자립심이나 진취 정신을 빼앗고 도덕적 퇴폐나 국력 쇠퇴를 불러일으켰다고 파악했다. 그리고 때로는 포클랜드 분쟁이나 탄광 노동자 파업 탄압처럼, 군사력이나 경찰력을 총동원해서라도 '국내외의 적'과 대치해가며 국영기업의 민영화, 런던 증권 거래소에 의한 빅뱅 등의 규제 완화, 인두세 도입 등을 시도했던 것이다. 보수당 내에서도 대처는 가부장적인 노블레스 오블리주 의식에서 계급 간 타협의 필요성을 용인하는 국민통합파One Nation Tory를 '자유 경제와 강한 국가'(앤드류 갬블Andrew Gamble)라는 목표 실현에 방해가 되는 West(겁쟁이)라고 경멸하며 정권 중추에서 축출시켜갔다.

1990년 대처의 퇴진 이후에도 신우파 전환 노선을 기본적으로 계승한 존 메이어가 1997년까지 장장 18년에 걸쳐 보수당 정권을 유지해갔으며, 그 결과 영국 정치는 엄청나게 변모했다. 토니 블레어가 이끄는 노동당으로 정권 교체가 이루어진 것은 좌측 방향으로의 '회귀'라는 측면을 가지는 한편, '제3의 길'이나 '급진적인radical 중도'란 슬로건에서 보여지듯, 신우파 전환에 의한 '개혁'을 전제로 계승한 것이기도 했다. 블레어 자신이 뉴 레이버New Labour(새로운 노동당)란 기치를 내걸고 기존의 노동당과 대치했다는 점도 이를 나타내고 있다.

아울러 미국에서도 비슷한 전개가 보인다. 레이건 이후 그의 부통령을 역임한 조지 부시(아버지)가 1993년까지 공화당 정권을 유지한 후, 뉴 데모크라트New Democrat(새로운 민주당)을 자임하는 빌 클린턴이 중도적 입장을 취하는 개혁파로 대통령의 자리를 차지하는 흐름이었다. 클린턴 역시 신우파 전환을 뒤엎는 것이 아니라, 그 '성과'를 계승하면서 부분적인 회귀를 시도했던 것에 지나지 않는다.

이처럼 일본에서의 신우파 전환과 우경화는 세계적인 움직임과 연동하는 형태로 이해될 필요가 있다. 이 책에서는 당면 주제인 현대 일본 정치에 주목하면서도, 그와 동시에 글로벌한 시점 또한 잃지 않으며 거시적으로 살펴보고자 한다.

한편 신우파 전환이 세계적으로 전개되고 있다고 해도, 실제 진 척 상황에는 상당한 차이가 있다는 점을 지적해두지 않으면 안 된 다. 전반적으로 선거 제도로서 소선거구제를 채택하고 있는 영미 에 의해 글로벌한 신우파 전환이 견인되어왔다고 해도 무방할 것 이다. 비례대표제에 바탕을 둔 대륙 쪽 유럽 국가들에서의 우경화 현상은 상당히 다른 양상이라고 할 수 있는데, 한정된 지면 관계 상 유감스럽게도 이 책에서는 상세히 다룰 수가 없다. 그러나 선 거제도가 초래하는 차이점은 일본에서 소선거구제 도입이 거둔 역할을 고려해보았을 때 중요한 논점이라고 할 수 있다.

일본의 신우파 연합(1)——신자유주의

한편 일본에서의 신우파 전환은 어떠한 정치 조류가 초래한 것 일까. 실제로는 30년 이상에 걸친 정책 변화 과정에서 신우파 연 합 그 자체도 점점 변용되었지만, 거시적으로 파악해서 '신자유주 의neoliberalism(네오리버럴리즘)'와 '국가주의nationalism(내셔널리즘)'의 조합에 의해 형성된 것이라고 해도 무방할 것이다.

우선 신자유주의부터 살펴보자. 경제 이론으로서는 프리드리히 하이에크Friedrich Hayek나 밀턴 프리드먼Milton Friedman 등이 대표적 인물이다. 단적으로 말하면 개인이나 기업의 경제 활동의 자유를 중시하며 그를 위해 정부나 사회, 노동조합 등에 의한 개입이나 제약을 배제한 자유 시장과 자유 무역을 주장하는, 이른바 '작은 정부'론이다(데이비드 하비David Harvey 「신자유주의A Brief History of Neoliberalism」). 일본에서도 민영화, 특수법인 등의 정리 통폐합, 중앙 정부 재편 등을 통해 '간결하고 효율적인 정부'가 추구되었고, 규제 완화나 지방 분권 등을 통해 중앙 정부의 개입을 약화시키는 등 여러 가지 행정 개혁이 이루어져 왔다.

일본을 특징지어왔던 종래의 '호송선단護送船團 방식(정부가 앞장서서 시장을 이끄는 발전 모델-역자 주)'이 금융 시스템 등의 규제 완화에 의해 크게 변모되어왔다. 금융업계 그 자체도 통합 재편이 진행되는 한편, 직접 금융(주식 시장 등)의 비중이나 외국 자본 지주 비율이 상대적으로 높아짐에 따라 일본 경제 전체의 글로벌화가 속도를 높이게 된 것이다. 또한 노동 시장의 유동화를 지향하면서 다양하고 유연하게 일하는 방식이 제창되는 가운데 비정규적인 고용이 늘어갔다.

그러나 공공 센터의 축소나 공공 지출의 삭감, 그에 수반되어 중앙 정부로부터 지자체, 기업, 가족이나 개인에게로 권한이나 책임이 위양되는 것만이 신자유주의적 정치 개혁이나 행정 개혁의 전부는 아니다. 일본에서 종종 완곡적으로 '내각 기능의 강화'로 표현되기도 했지만, 핵심은 총리대신과 내각관방(이른바 수상관저)에 권력이 집중되게 되었다는 사실 역시 지극히 중요하다. 영국에서도 대처 이후 '자유 경제'와 함께 '강한 국가'를 실현하기 위해 수상에게로 권력이 집중되며 수상의 '대통령화'가 추진되어왔다.

국가로부터 기업 경제나 지역 사회 등으로 '분권'을 표방하는 신자유주의가, 거꾸로 국가 기구 안에서는 '권력의 집중'을 추진한다. 그 이유는 일단 행정부의 수장에게 권력이 집중되지 않으면 이른바 기득권익이나 합의형성형 정책 과정에 파고들어 갈 수 없기 때문이다. 신자유주의 개혁에서는 국가가 기존까지 책임지고 있던 분야에서 뒤로 물러나 '자기책임'을 부과하는 의미도 있기 때문에 '저항 세력'은 이를 방해하고자 막아설 것이며 그 벽을 돌파할 수 있을 정도의 권력의 집중이 필연적으로 요구된다고 할 수 있다.

또 하나는 애당초 신자유주의 사상이 기업과 시장에 의한 의사 결정이나 자원 배분의 우월성을 전제로 하고 있기 때문이다. 기업이 자유롭게 경제적으로 활동할 수 있는 시장을 확대하고자 하는 이상, 정치는 그 활동 영역이 한정될 뿐 아니라 기업이나 시장을 모델로 재구축되어버린다.

상투적으로 흔히들 말하는 '민간에서라면 있을 수 없는 일!'이라는 공무원 비판에서도 드러나지만, 정부나 정당, 학교나 의료기관 등을 포함한 공공 구역 전반에도 '마땅히 기업처럼 운영되어야 한다'는 사고가 확산되었다. 물론 이때 상기되는 기업 거버넌스는 다분히 이상화된 것이지만, 행정부의 수장이 차츰 아무런 위화감 없이 '최고경영책임자CEO'에 비유되는 상황 속에서, 민주 통치를 위한 이상적인 모습도 변해가며 수상에게 권력이 집중되게 되었다.

이것은 정치 개혁이란 미명 아래 도입된 소선거구 제도와도 실은 밀접한 관련을 가지고 있다. 기업이 시장에서 구매자를 찾아 상품이나 서비스를 서로 경합하는 것처럼, 정당은 선거에서 정책 실적이나 매니페스토Manifesto를 가지고 고객이라 할 수 있는 유권자들에게 어필하여 표를 모은다(조지프 슘페터Joseph Schumpeter 『자본주의·사회주의·민주주의』). 소선거구제에 바탕을 둔 정권 교체 가능한 양대 정당제라면, 보다 많은 유권자의 지지를 얻어 승리한 정당이 단독 정권을 수립하고, 수상의 리더십 아래 유권자들과의 '계약'에 해당 되는 선거 공약 실현에 매진하게 된다. 이러한 신자유주의적 민주 통치 방식이 이상적인 것으로 주장되며 정치 개혁이 어떤 방향으로 흐르게 될지 정해져 버렸던 것이다.

일본의 신우파 연합(2)──국가주의

'자유 경제'를 표방하는 신자유주의와 나란히 신우파 연합을 형 성했던 것은 '강한 국가'를 지향하는 국가주의였다. 이것은 앞서 언급한 '개혁' 실현을 위한 위로부터의 top-down형(조직의 상위로부 터 하위로 명령이 전달되는 관리 방식-역자 주)이라는 강권적인 통치 방식을 추 구하는 데 그치지 않고, 시민 사회에서든 국제 관계에서든 국가 권 위를 강화하는 보수 반동 세력의 '실지失地 회복' 운동이기도 했다.

여기서 굳이 국가주의라 명명하는 것은 내셔널리즘의 하나의 형태임에는 틀림없으나 국민nation의 통합, 주권, 자유보다도 국가 state의 권위나 권력 강화를 우선시하는 경향이 현저하기 때문이 다. 국가 권력을 내외에서 보다 강력하게 하는 것이 목적이며 국 민 의식이나 감정(내셔널리즘)을 자극하는 정치 수법이 수단으로 사 용된다.

예를 들어 레이건 대통령을 돌이켜보자. 레이건은 나라 자랑 같 은 '소박한' 애국심과 미래에 대한 낙관주의를 통합시킨 미사여구 를 사용하여, 정부에 의존하지 않는 자립된 개인의 책임이라는, 전통적인 미국 보수주의의 가치로 회귀할 것을 주장했다. 하지 만 그와 동시에 군사 예산을 증액하고 군사력을 확대시켜서 소련과의 냉전을 종식시키려는 전략을 택했다. 군사 면에서는 명백히 '커다란 정부'를 지향했던 것이다.

일본에서는 애당초 메이지유신 이후 지속적으로 국가를 권위의 바탕으로 삼아왔다. 국가가 규정하는 가치 질서에 사회를 종속시키는 '국가보수주의'가 과거 내무 관료를 중심으로 한 국가 관료제의 통치 이데올로기로 받들어졌으며, 이는 전후 보수 지배 체제에서도 서서히 복권되어왔다(나카노 고이치中野晃─「전후 일본의 국가보수주의─내무·자치 관료의 궤적戰後日本の国家保守主義─内務·自治官僚の軌跡」). 이 때문에 다원적인 시민 사회 전통을 가진 영국이나 미국 등과 비교했을 때, 일본은 프랑스 등과 함께 통상적으로 '강한 국가'로 분류되었다.

일본의 신우파 전환에서도 국력을 강화시키거나 권위를 떨치는 것은 빼놓을 수 없는 요소였다. 그 효시가 된 것은 1993년 오자와에 의해 전개된 『일본개조계획日本改造計画』의 '보통 국가'론이었다. 최근에는 2012년 중의원 선거에서 회자된 아베 자민당의 슬로건을 들 수 있다. '일본을, 되찾는다'라는 슬로건에서 여실히 드러내고 있는 것처럼, 그들 신세대 보수 연합 엘리트들에게는 아직 회복되지 못한 '실지'가 존재했던 것이다. 그것은 크게 두 가지로 분류할 수 있는데, 양자 모두 아시아 태평양 전쟁에서 일본이 패배함에 따라 그 결과로 감수해야만 했던 '전후 체제regime'에 그 기원을 둔다. 때문에 더더욱 '전후 체제'로부터의 '탈피'가 지상명제로 주창된 것이다.

그 첫 번째는 물론 헌법개정, 즉 '자주 헌법' 규정이다.

오랫동안 헌법 9조를 겨냥했던 개헌론은 근년에는 서양 근대의 입헌주의 그 자체에 대한 공격으로 변해가고 있다. 신우파 전환 과정에서 미일 안보 체제나 '국제 공헌'을 지렛대 삼아, 헌법 9조의 제약을 단계적으로 철폐하고, 방위력 증강과 유엔 평화유지 활동PKO 참가, '비전투 지역'으로의 자위대 파견과 집단적 자위권 행사 용인, '보통 국가'를 목표로 한 행보 등이 전개되어왔다. 이러한 움직임은 대외적인 것에 머물지 않았다. 국내에서도 국민의 권리나 자유를 제한하며 '전쟁이 가능한 나라'로 나아갈 수 있도록 유사법제(무력공격사태법이나 국민보호법 등)나 치안입법(통신방수법, 즉 도청법이나 특정기밀보호법 등) 등이 정비되기에 이르렀다.

북한에 의한 납치 피해나 미사일 발사 실험, 핵개발 등의 문제, 혹은 중국이나 한국과 갈등을 겪었던 센카쿠 열도尖閣列島(중국명 댜오위다오)나 독도의 영토 문제가 국민감정을 내셔널리즘의 방향으로 유도하기 위한 상징적 사례로 얼마나 큰 역할을 했는지는 결코 무시할 수 없다. 실제로 국가주의를 대표하는 이론가들이나 아베 같은 정치인들은 헌법 탓에 납치 문제가 발생했으며, 납치 문제 해결을 위해서는 헌법개정 또한 불가결하다는 주장을 거듭 반복하고 있다.

두 번째는 역사 인식이나 역사·도덕 교육에 관한 문제다.

신우파 전환이 진척됨에 따라 추상적 레벨에서 막연히 애국심 함양을 호소하거나 '일본 고유의' 전통이나 문화('국권')의 존중을 강조하는 데 머물지 않고, 실제로 교육기본법이 개정되어 교육 현장에서도 기미가요나 일장기를 강제할 수 있게 되었다. 또한 '황국 일본'이 근대화 과정에서 싸운 모든 전쟁을 자존 자위 즉 평화를 위한 전쟁으로 정당화하는 야스쿠니 사관, 바로 이 야스쿠니 사관을 중핵으로 하는 역사수정주의가 영향력을 강화했다. 이에 따라

교과서 문제, 야스쿠니 문제, '위안부' 문제 등이 국내 논쟁의 불씨로 잔존해 있을 뿐만 아니라 중대한 국제 문제로 비화해가는 것이었다(나카노 고이치 「야스쿠니 문제와 마주한다ヤスクニ問題とむきあう」).

이런 과정과 연계되는 형태로 유교적 도덕관에 의거한 가족국가관(이시다 다케시石田雄 『일본의 사회과학日本の社会科学』) 역시 정치적 영향력을 강화해왔다. 모름지기 국민은 국가에 충성을 맹세할 뿐 아니라, 스스로 국가의 뜻을 헤아려 이를 이루고자 노력해야 한다는, 그야말로 교육칙어(1890년 메이지 천황의 이름으로 발표된 일종의 교육 헌장으로 천황제 중심의 군국주의 정치 의지가 보수적인 교육 이론으로 표현된 것—역자 주)가 가르치는 '국민 도덕'이었다. 그러한 '국민 도덕'은 근대 국가와 그에 오로지 헌신하는 국민들을 길러냄으로써 전근대적 가치질서를 유지하고자 한 원조·보수 혁명(왕정 '복고'에 의한 메이지 '유신'), 일본의 근대화를 지탱했던 국가보수주의 사상 그 자체라고도 말할 수 있다. 젠더 백래쉬backlash(반격, 반동, 반발. 특히 격렬한 반페미니즘—역자 주)나 생활보호비판(최근 일본에서 일어나고 있는 생활보호제도나 대상자들에 대한 격렬한 비판—역자 주), 도덕 교육 추진 등으로 표출된 이런 이데올로기는, 물론 그 자체가 새로운 것은 아니었지만, 야스쿠니 사관과 마찬가지로 결국 신우파 연합이 앞으로 나아가면서 보수 정치의 주류mainstream를 점하게 된 것들이었다.

이런 의미에서의 '일본 근대'의 긍정(과 '서양 근대'의 부정)이란 정념이, 일본에서의 신우파 연합의 일각을 형성한 복고색 강한 국가주의에서 특징적으로 보였다고 할 수 있을 것이다.

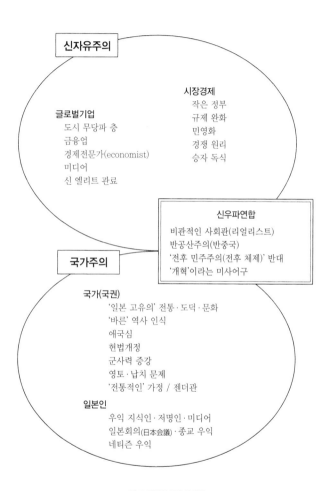

신자유주의

시장경제
  작은 정부
  규제 완화
  민영화
  경쟁 원리
  승자 독식

글로벌기업
  도시 무당파 층
  금융업
  경제전문가(economist)
  미디어
  신 엘리트 관료

신우파연합
비관적인 사회관(리얼리스트)
반공산주의(반중국)
'전후 민주주의(전후 체제)' 반대
'개혁'이라는 미사어구

국가주의

국가(국권)
  '일본 고유의' 전통·도덕·문화
  '바른' 역사 인식
  애국심
  헌법개정
  군사력 증강
  영토·납치 문제
  '전통적인' 가정 / 젠더관

일본인
  우익 지식인·저명인·미디어
  일본회의(日本会議)·종교 우익
  네티즌 우익

그림 2 일본의 신우파 연합

2 어째서 '반자유 정치'로 향했는가

신우파 연합을 이어주는 것은

신우파 연합의 양 날개를 이루는 '신자유주의'와 '국가주의'는 각각 '경제적 자유주의'와 '정치적 반자유주의'로 바꿔 말할 수 있을 것이다. 그러나 한쪽은 자유주의의 일종인데 다른 한쪽이 반자유주의라면 그 연합은 과연 어떻게 가능할 수 있었을까. 또한 한쪽이 글로벌화를 추진하고 다른 한쪽이 내셔널리즘을 환기시키는 것에 정말 모순은 없는 걸까. 신우파 연합이 연결되는 결절점은 상호 관련 있는 세 가지 시점에 의해 해명될 수 있다(나카노 고이치 「현대 일본의 '내셔널리즘'과 글로벌화—'정치적 반자유와 경제적 자유'의 정치연구現代日本の 「ナショナリズム」とグロ・バル化—「政治的反自由と経済的自由」の政治研究」).

그 첫 번째는 양자의 이념적 친화성이다.

신자유주의와 국가주의는 공통적으로 '리얼리즘'을 그 세계관의 기반으로 삼고 있다. 양자 모두, 자기 이익이나 자기 보전을 추구하는 행위자의 거래나 투쟁에 의해, 누가 무엇을 얻는지, 누가 누구를 지배하는지가 결정되는, 또한 마땅히 그래야 한다는 '리얼리즘'을 바탕으로 하고 있다.

이러한 세계관은 언뜻 보기에 비관적인 것처럼 비춰질 수 있다. 그러나 이기적인 행동을 윤리적으로 허용해줌으로써, 특히 강자에게 해방감을 부여해줄 수 있는 측면을 가진다는 사실을 부정할 수 없다. 시장이나 사회의 부유층, 혹은 권력자들의 낙관적인 시니시즘cynicism에 근거한 행동거지가 허용되는 것이다. 이리하여 냉전이라는 틀 속에서 보수 통치 엘리트들을 어느 정도 옥죄이던 정치 세력이나 제도가 전후 민주주의의 터부를 깨뜨리는 '개혁'이라는 미사어구와 퍼포먼스에 의해 무너져 내려갔다.

두 번째는 양자의 이해상의 적합성 내지는 일치다.

신자유주의적 개혁의 최대 수혜자이자, 바로 그런 이유로 가장 강력한 추진자가 된 측은 글로벌 기업 엘리트들이다. 한편 국가주의적 어젠다의 진전에 의해 그 권력 장악을 더더욱 강고히 했던 것은 당연히 보수 통치 엘리트, 즉 세습 정치가나 고급 관료들이다.

신우파 전환의 전개와 함께 경제적으로나 군사적으로 미일 관계는 더더욱 공고해졌다. 이는 미국(이나 영국)에게서 신우파 연합의 리얼리스트realist 이념을 학습하고 터득한 그들, 바로 일본의 재정관 엘리트들이, 태평양 건너편에 있는 미국의 파워 엘리트(특히 공화당 엘리트)들과 함께 다국적인 파워 엘리트로서의 계급 이익의 합치를 발견해내며, 전면적으로 이를 추구하기 시작한 과정이기도 했다.

세 번째는 양자의 정치적 보완성이다.

앞서 언급했던 것처럼, '자유 경제'가 사회의 저항을 배제해가며 새롭게 창출되지 않고는 존재할 수 없는 이상, 그것을 가능하게 하기 위해 필연적으로 '강한 국가'가 요청된다. '세계에서 가장 기업이 활약하기 쉬운 나라'(2013년 제183회 국회에서의 아베 총리 시정 방침 연설)란 보수 통치 엘리트들이 권력을 집중시킨 상태에서 '개혁'을 실행하지 않으면 도저히 불가능한 것이었다.

하지만 보수 통치 엘리트들이 권력을 장악하기 위해서는, 전후 민주주의를 짊어왔던 정치 세력이나 제도가 방해가 된다. 그리고 전후 민주주의를 지탱해왔던 것은 노동조합이나 그 지지를 받았던 정당이었고, 이러한 혁신 세력과의 계급 간 타협을 통해 권력을 안정적으로 유지하는 길을 선택했던 55년 체제에서의 '보수 본류', 즉 '구우파舊右派(올드 라이트)' 연합이었다.

이렇게 공동의 적을 가진 글로벌 기업 엘리트와 보수 통치 엘리트 사이에는 이해의 합치만이 아니라 계급 이익을 추구하는 권력 투쟁에서의 다이나믹한 상호 보완성이 엿보인다. 다이나믹이란 신우파 전환이 한꺼번에 이루어지는 것이 아니라, 밀려왔다 쓸려 가는 파도처럼, 상호가 서로 보완하고 연계를 강화하는 동적인 프로세스 안에서 마침내 관철되어지기 때문이다.

신자유주의가 욕망이나 정념을 부추기는 '소비' 문화를 예찬하는 한편에서, 국가주의가 '국민'과 그 도덕에 대해 논하며 '지나친' 자유나 개인주의를 꾸짖고, 그런가 하면 타국과의 긴장 관계를 이용하여 내셔널리즘에 불을 붙여서 다국적인 파워 엘리트와 일반 시민 사이를 점점 벌어지게 하는 계급 격차로부터 주의를 돌리게 만드는, 치고 빠지는 공범 관계다.

이념적으로 친화성이 있고 각각의 이해가 합치되는 이상, 신자유주의와 국가주의는 표면상의 모순에도 불구하고 오히려 이처럼 정치적으로 강고한 보완성을 나타내는 것이다. 글로벌화로 생활이 어려워진 일부 중소기업 경영자들이나 노동자들이 내셔널리즘 언설에 유혹당하는 한편, 반대로 야스쿠니 참배나 역사수정주의에 눈살을 찌푸리는 중간층이 구조 개혁 노선이나 아베노믹스에 대한 기대로 인해 고이즈미나 아베를 계속해서 지지한다는 현상이 일어나는 것이다.

여러 형태의 자유주의

다소 이해하기 어려운 '자유주의'나 '신자유주의' 등의 용어에 대해 여기서 약간 부연 설명을 해두고 싶다. 서양의 근대화 과정에서 정치, 경제, 사회 등 여러 방면에 걸쳐 절대 왕정이나 봉건주의 잔재 혹은 전근대적인 폐해로부터 개인을 해방하고자 발흥한 중산 계급(부르주아)이 짊어졌던 합리주의적 사상 조류, 그것이 바로 '자유주의'였다. 영국을 예로 들자면 저명한 사상가로 존 록, 아담 스미스, 존 스튜어트 밀 등을 들 수 있다.

원래 '자유주의'는 록이나 밀을 통해 알려진 것처럼 소유권만이 아니라 참정권, 혁명권, 그리고 언론이나 표현의 자유 등 정치적 자유도 신봉했었다. 이 가운데 스미스처럼 자유 시장이나 자유 무역을 강조하며 정부 개입을 거부하는 이른바 자유방임laissez-faire 의 경제적 자유주의를 훗날 '고전적 자유주의Classical Liberalism'라고 부르게 되었다.

그 이유는 19세기 후반부터 20세기 초반에 걸쳐 자유주의 사상의 대전환이 일어났기 때문이다. 공업화를 이룬 근대 도시에 빈곤이나 폭력, 무지, 알코올 의존증이 만연하는 현실을 목도하며, 진정한 의미에서의 개인의 자유란 단순한 방임으로는 불가능하다는 인식이 싹텄다. 복지나 교육 등 사회정책 면에서의 정부 개입이 오히려 진정한 의미에서 개인을 자유롭게 만들어준다고 역설했던 이런 생각은, (혼동스럽게도) 당시에는 '새로운 자유주의New Liberalism' 라고 불렸다.

현재 일본이나 미국 등에서 통상적으로 '리버럴' 혹은 '리버럴리즘'이라고 불리는 것이 바로 이것인데, 사회적 권리로 이어지는 사상을 잉태시켰기 때문에 '사회적 자유주의Social Liberalism'라고 불리는 경우도 있다. 최소한의 의식주나 교육, 문화 등이 보장되어야만 개개인에 의한 이성적 자기 결정(자율 혹은 적극적 자유)이 비로소 가능해진다고 파악하는 새로운 리버럴리즘이다. 그 후 이러한 생각이 우세해지며 20세기에 발생한 두 번의 세계 대전을 거쳐 케인즈의 영향 아래 전성기를 맞이한다.

이에 비판적이었던 하이에크 등의 고전적 자유주의가 이번엔 '신자유주의NeoLiberalism'라고 불린다. 그것 자체가 자유주의의 주류가 교체된 것을 나타내는 것이라고 말할 수 있다. 하이에크 등은 자립 자조의 정신을 상실한 개인은 노예 상태에 있는 것이며, 다시금 정부 개입으로부터 해방(소극적 자유)될 필요가 있다고 논했다.

이 책에서는 특별한 설명이 없는 한 '자유주의'의 경우 모순도 내포한 가장 넓은 의미에서의 자유주의를 가리키고, 그중 특히 복지나 교육 등 공공 분야의 역할을 중시하는 입장을 '리버럴리즘'(혹은 '리버럴'), 반대로 사기업의 역할이나 자유방임을 강조하는 입장을 '신자유주의'라고 구별해서 부르고자 한다.

신우파 연합의 변용

이번 장 첫머리에서 일본 정치가 우경화하고 있는지에 대해 엇갈린 해석이 존재한다는 것에 대해 언급했다. 신자유주의와 국가주의의 다이나믹한 보완성의 배후에 있는 상호 모순 혹은 긴장 관계를 고려한다면, 어느 쪽에 주목하느냐에 따라 상반된 평가를 이끌어낼 수 있음을 이해할 수 있을 것이다. 신우파 전환이 어떤 과정을 통해 시작되었고, 밀려왔다 쓸려가는 파도처럼 오랜 시간 동안 어떻게 변용되어갔는지를 분석하는 것이, 쉽사리 이해되지 않는 우경화의 실태를 해명할 열쇠가 될 것이다.

신우파 전환의 맹아기보다 선행했던 것이 신자유주의였지만, 이것은 보다 광범위한 자유주의 안에서의 새로운 전개였으며 어디까지나 그 일부였다고 할 수 있다. 1980년대부터 1990년대 전반에 걸쳐 나카소네 총리나 오자와 이치로가 신우파 전환을 이끌었던 단계에서는 정치, 경제, 사회의 '자유화', 바꿔 말하자면 '다원화' 혹은 '유동화'가 주된 쟁점이었다.

예를 들어 나카소네 정권하의 교육 개혁 토론에서는 매파라고 할 수 있는 수상이 교육기본법 개정이나 도덕 교육에 의욕을 불태우는 등 국가주의적 경향을 엿볼 수 있지만, 설령 그렇다고 해도 현실적으로 격론이 일어난 것은, 학교 교육에 시장 원리를 도입하는 것이 과연 옳은지, 혹은 개성 중시 교육 등 '교육의 자유화'가 옳은지 등에 대해서였다. 이렇게 해서 초창기 신자유주의는 종래의 보수(구우파)와도 혁신과도 일선을 긋고, 동서 냉전에 의해 얼어붙어 있던 보수와 혁신의 대립 구도에 커다란 변화(이른바 '개혁')를 요구하는 것이었다.

이때부터 이미 국가주의는 신자유주의와 함께 달리고 있었지만, 나카소네나 오자와의 국가주의 역시 훗날의 그것과 비교해보면 아직은 복고주의적 경향이 억제되어 있었으며, 오히려 미래지향의 국제협조주의적 발상을 그 특징으로 하고 있었다. 다원적인 국제 사회 속에서 일본도 경제적으로나 군사적으로 보다 큰 역할과 책임을 다하고 싶다는 목적이 일본의 '국권'을 되찾는다고 하는 복고주의보다 우선했던 것이다. 야스쿠니 공식 참배를 결행했던 나카소네가 중국이나 한국의 반발을 고려해 참배 그 자체를 중지해버렸던 것은 중국과 한국의 이해 없이 자위대의 해외 활동에 대한 제약 철폐는 결코 이루어지지 않을 것이라고 판단했기 때문이다.

그러나 신우파 전환이 진전을 이루고 이른바 그 정적에 해당하는 혁신 세력과 구우파 연합이 제각각 1990년대 중반이나 2000년대 초반까지 와해되어버리자, 신우파 연합이 애당초 주장했던 '자유'의 가치는 급속히 그 내실을 잃어갔다. 승리를 거둔 가운데 신우파 연합은 변용되어버렸던 것이다. 자유주의적 국제 협조 지향은 단순한 미사어구로 타락하고 역사수정주의에 이끌려나온 복고주의적 국가주의가 전면으로 뛰쳐나온 한편, 자유 시장이나 자유 무역을 간판에 내걸고 있던 신자유주의가 사실상 '기업주의'라고까지 표현될 정도로 지나치게 편향되어 있음을 굳이 감추려 하지도 않은 채, 오로지 글로벌 기업의 '자유'가 최대치가 되도록, 즉 과두(소수파) 지배가 강화되도록 변질되어갔다.

이렇게 약 20년 이상 이전에 '정치의 자유화'란 이름으로 시작된 신우파 전환이 어느 사이엔가 오늘날의 '반자유 정치'를 초래해버린 과정을 명확히 하는 것이 이 책의 목적이다. 다음 장에서는 우선 신우파 연합이 제거해버린 55년 체제하의 구우파 연합과 혁신 세력을 되돌아보는 것에서 고찰을 시작해보도록 하겠다.

제1장
55년 체제란 무엇이었던가

———구우파 연합의 정치

1 두 개의 톱니바퀴─개발주의와 정치적 후견주의

세계적인 '국민정당' 시대 속의 55년 체제

　전후 곧바로 나타난 미소 냉전구조 속에서 일본에서도 보혁保革 대립 구조가 형성되었다. 1955년 10월 좌우로 분열되어 있던 일본사회당이 재차 통일을 이루자, 다음 달인 11월 보수합동이 이루어져 자유민주당(자민당)이 탄생했다. 여러 가지 변화를 내포하면서도 큰 틀에서 1993년까지 이어져 온 이 정치 시스템은, 이른바 55년 체제라 칭해지며 38년의 긴 세월에 걸쳐 자민당이 사실상 일관되게 단독으로 정권을 계속 장악해온 일당 우위제였다. 그 가운데 최대 야당이었던 사회당은 점차 정권 교체의 실현 가능성을 잃게 되었지만 정책 면에서는 보수 정권에 제동을 걸며 일정한 영향력을 계속 유지해갔다.

　전후 사회에서 일본의 자민당 장기 정권은 '보수 일당 우위제 정당 시스템'이라는 점에서 매우 독보적이었다. 그러나 이와 비슷한 사례가 전혀 없다고는 할 수 없다. 예를 들어 이탈리아에서는 통상적으로 단독이 아니라 연립정권이었지만, 중도 우파 정당인 기독교 민주주의가 전후 1982년까지 수상 자리를 독점했고 그 후 1994년 정치 부패에 얼룩져 당이 분해될 때까지 지속적으로 최대 여당의 자리를 유지했다. 또한 1958년 말에 성립된 프랑스 제5공화정에서도 드골주의 정당을 중심으로 한 중도 우파의 우세가 계속 이어져, 1981년에 이르러서야 프랑수아 미테랑의 사회당이 이끄는 좌파 진영이 가까스로 정권 탈취를 실현했다.

　이런 와중에 일본의 사회당과 마찬가지로 최대 야당으로서 장기 보수 지배를 통제하고 정치 시스템 전체 안에서 일정한 균형을 보증해주는 역할을 담당했던 정당은, 이탈리아에서는 공산당, 프랑스에서는 사회당이었다. 한편 이탈리아의 기독교 민주주의, 프랑스의 드골주의 정당이라는 우월한 정당 내부에서도, 국민 통합이나 계급 간 타협을 중시하는 '사회파'가 상당한 무게감을 가지고 있어서 장기에 걸친 정권 유지를 가능하게 하고 있었다(또한 이탈리아에서는 1963년부터 사회당이 연립정권에 참여하였고 1983년에는 수상 자리를 장악했다).

이러한 온건한 보수 정당의 존재 양식은 중도 좌파로의 정권 교체가 좀 더 빨리 실현된 영국(보수당)이나 서독(기독교 민주동맹)에서도 공통된 현상이었다. 영국에서는 경제 정책 등을 리드했던 보수당의 러브 버틀러R.A.Butler와 노동당의 휴 게이츠켈Hugh Gaitskell의 이름을 합성해서 '버츠켈리즘Butskellism'이라 칭해지는 '합의의 정치 politics of consensus'가 대략 1979년 대처 정권이 탄생할 때까지 이어졌다. 서독에서는 경제대신이나 수상을 역임한 기독교 민주동맹의 루드비히 에어하르트Ludwig Erhard(1950년대 서독 경제 기적의 주역-역자주)가 중심이 되어 '사회적 시장 경제'를 내세웠고, 계급 투쟁 노선을 포기한 사회민주당(사민당)도 마침내 이를 받아들이게 되어 오늘날까지 독일 경제의 존재 양식을 크게 규정하고 있다.

미국 공화당의 경우도 '록펠러 공화당원Rockefeller Republican(뉴욕주지사로 유명한 대통령후보이기도 했던 넬슨 록펠러의 이름에서 유래한 호칭)'이라 불리던 온건한 리버럴파가 1960년대 중반 무렵까지 지배층Establishment으로 주류를 점하고 있었으며 1980년 레이건 대통령이 취임할 때까지도 일정한 영향력을 지니고 있었다.

이처럼 냉전을 배경으로 계급 간 타협에 근거하여 '국민정당'(혹은 '포괄정당')을 지향하는 보수 정치가 전후 한동안 전 세계적으로 전개되고 있었다는 사실을 지적할 수 있다. 이 책에서는 55년 체제 아래 자민당 내에서 이러한 정치 형태를 담당하던 정치 세력을 '구우파 연합'이라 명명한다.

요시다 독트린과 구우파 연합의 형성

물론 구우파 연합이란 신우파 연합에 대한 개념으로 제시한 것일 뿐, 전후 즉시 혹은 항상, 자민당 정치의 특징을 드러내고 있지는 않다. 매우 개략적으로 언급하자면 기시 노부스케岸信介(제56·57대 내각총리대신이자 현 아베 총리의 외조부. 대표적 매파 정치인으로 총리 재임 중 60년 미일안보조약 개정안에 조인하여 대규모 반대 시위에 직면해 총리에서 사임함—역자 주) 퇴진을 거쳐 이케다 하야토池田勇人(제58·59·60대 내각총리대신. 전임 총리인 기시 노부스케 재임 중의 정치적 쟁점에서 한 발짝 물러나 소득배증정책을 통한 고도 경제성장 정책을 추진—역자 주) 내각 성립에 의해 안정적인 궤도에 올라 1970년대 다나카 가쿠에이田中角栄(제64·65대 내각총리대신. 높은 국민적 인기를 누린 총리였으나 록히드 사건 등 금권정치로도 저명—역자 주) 정권부터 오히라 마사요시大平正芳(제68·69대 내각총리대신—역자 주) 정권에 걸쳐 절정기를 맞이했다고 할 수 있다.

애당초 보수합동은 재차 통일을 이뤄낸 일본사회당의 위협에 맞선 어쩔 수 없는 선택이었다. 때문에 1955년 결당 시 자민당의 내실은 구 자유당 계열과 구 일본민주당 계열로 나뉘어 있었을 뿐 아니라 더더욱 세분화된 다양한 파벌의 연합체라고 하는 편이 타당했다. 그러나 반 요시다 시게루吉田茂(일본의 외교관이자 정치가, 제45·48·49·50·51대 내각총리대신—역자 주) 노선을 관철하고 있던 구 민주당 계열의 하토야마 이치로鳩山一郎(제52·53·54대 내각총리대신-역자 주), 이시바시 단잔石橋湛山(제55대 내각총리대신-역자 주), 기시 노부스케의 각 정권이 마침내 미일안보조약 개정의 혼란 속에서 그 종말을 고하자, 구 자유당 계열의 이케다 하야토와 사토 에이사쿠佐藤榮作(제 61·62·63대 총리로 비핵 3원칙을 표방한 공로로 1974년 노벨 평화상을 수상함-역자 주)가 이끄는 두 파벌이, 외교 안보 정책은 저자세로 일관하고 경제 성장을 가장 중시하는 '요시다 독트린'으로의 회귀를 추진하며 '보수 본류'로서의 지위를 획득해갔다. 이와는 반대로 기시 노부스케 등 구 민주당 계열은 '보수 방류'라는 위치에 안주할 수밖에 없게 된다. '보수 방류'의 경우 '역 코스(1951년 샌프란시스코 강화조약 체결 이후 공직에서 추방된 인사들이 대거 복권하고 점령 시절 이루어진 민주화, 비군사화에 역행하는 움직임이 일어나는데 이를 '역코스'라고 함-역자 주)'를 지나치게 서두른 나머지, 사회당, 노동조합, 시민운동이나 학생운동 등의 혁신 세력과의 대립을 첨예화시켜, 60년 안보 투쟁(기시 내각이 60년 미일안보조약 개정안에 조인하자 전국적으로 대규모 반대시위가 일어남-역자 주)이라는, 전후 최대의 보수 지배의 위기를 초래해버렸기 때문이다.

이런 정황 때문에 이 책에서 말하는 '구우파 연합'과 요시다 독트린을 떠받들던 '보수 본류'는 상당 부분 서로 중첩되는 면이 있긴 하다. 하지만 그렇다고 보수 본류가 구우파 연합과 동의어라고까지는 말할 수 없다. 분명 요시다 독트린의 한쪽 바퀴를 이루는 '외교 안보나 헌법 문제의 보류'라는 점에서 기시 노부스케를 비롯한 보수 방류는 완전히 주도권을 상실했다. 그러나 또 한편의 바퀴를 이루는 '경제 성장 실현에 의한 계급 투쟁의 진정화와 국민 통합의 실현'에 대해서는 보수 방류 인맥의 영향을 결코 무시할 수 없기 때문이다. 고전적 자유주의 경제와 균형 재정을 선호했던 요시다와 달리, 보수 방류의 기시 노부스케는 오히려 국가사회주의적 정책을 지향했고, 과거에는 경제 계획이나 복지 국가 정비에 노력했던 구 상공성商工省 혁신 관료 출신이었다. 이시바시 단잔이나 미키 다케오三木武夫(제66대 내각총리대신. 금권정치의 다나카 수상에 비교되는 클린 정치의 대명사로 불린 보수 방류에 속하는 정치인─역자 주)의 측근이었던 이시다 히로히데石田博英의 경우, 노련한 노사협조주의로 전후 노동 정책에서 큰 족적을 남겼다.

실제로 '국민소득배증계획'은 이케다 내각의 간판 정책으로 알려져 있지만, 애당초 소극적이었던 요시다에 비해 '장기경제계획'을 처음으로 내걸었던 것은 다름 아닌 하토야마 이치로였고 본격화시켰던 것은 기시 노부스케였다. 아울러 기시 노부스케는 최저임금법이나 국민연금법을 성립시키고 전 국민을 대상으로 하는 보험 제도를 수립하고자 국민건강보험법을 개정했다. 1966년 노사협조노선을 강조한 자민당 노동헌장 책정을 시도한 이시다 히로히데도 이시바시·제1차 기시 내각에서 내각관방장관직을 맡은 후 제1차 기시 개조 내각을 시작으로 이케다池田 내각·사토佐藤 내각·후쿠다福田 내각 등 네 번에 걸쳐 노동성대신을 역임했다.

말하자면 구우파 연합 성립의 전제 조건으로 자민당 정권 전체에 의한 요시다 독트린의 수용, 즉 '독자 외교나 자주 헌법 보류'에 의한 '경제 성장 중시 노선의 확립'이 필요했고, 보수 본류가 만들어놓은 커다란 틀 속에서 보수 방류 역시 구우파 연합 형성에 공헌해갔던 것이다. 약간 단순화시켜 언급해본다면 관료파 정치가나 경제 관청이 중심적인 역할을 담당했던 '개발주의'와 당 인맥

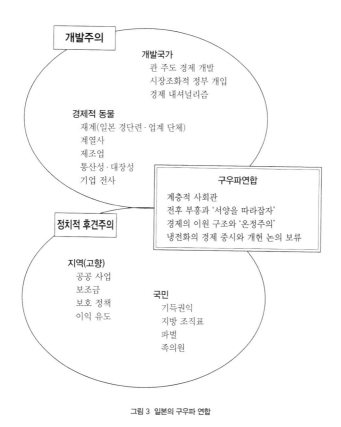

그림 3 일본의 구우파 연합

이 강점을 발휘한 '정치적 후견주의clientelism(정치적 지지 세력에 물질적 보상을 해주는 체제—역자 주)'의 연합이다.

구우파 연합이란(1)──개발주의

찰머스 존슨Charlmers Johnson(미국의 국제정치학자, 동아시아 정치와 국제관계 전공—역자 주) 등이 상세하게 분석한 '발전지향형 국가developmental state('개발국가'라고도 번역된다)' 주도의 산업 정책(『통산성과 일본의 기적』) 등, 적극적인 정부 개입을 통한 다양한 경제 개발 정책이 구우파 연합의 중요한 기둥 중 하나였다. 이는 경제에서의 국가 역할을 시장 경쟁의 법적 규칙이나 절차의 정비와 집행으로만 한정시키는 미국식 '규제지향형 국가regulatory state'와 대비된다. 전후 일본을 전형으로 한 발전지향형 국가(개발국가)에서는 국가가 나라 전체의 경제 목표를 설정하고 나아가 국가 주도로 그 실현을 추구하는 개발주의를 택했다.

태평양 전쟁 이전의 상공성商工省이나 운수성運輸省을 잇는 구 통상산업성通商産業省(현재의 경제산업성経済産業省) 등의 경제 관청이 행정 지도나 낙하산 인맥 등을 통해 개입해가며 산업진흥책을 잇달아 신속히 펼쳐나갔다. 만주국 등지에서의 전시 경제 통제에 대한 실패 경험들이 그 기반을 이루었으며, 시장에서의 경쟁을 배제하지 않는 형태로('시장조화적'인 개입에 의해) 경제 계획을 수립해가고자 했다. 아울러 그러한 정계·관계·재계의 엘리트들 간의 긴밀한 연계를 지탱해준 것은 '태평양 전쟁에서는 졌지만 경제 전쟁에서만은 결코 물러설 수 없다'는 어떤 종류의 경제 내셔널리즘이 있었기 때문이라고 한다.

존슨의 논고에 대해서는 그 후 여러 차례 비판이나 수정 사항이 제시되어 엄청난 논쟁을 불러일으키게 되었지만, 대략적으로 관 주도의 경제 개발을 일본 경제 모델로 파악하는 방식은 일반적으로 받아들여지게 되었다.

사실 국가의 중점적 지원과 보호의 대상이 된 산업이나 기업은, 정부 계열 금융 기관의 적극적인 융자나 조세 특별조치 등을 통해 우대받았고 마침내 일본 제품들이 해외 시장을 석권해갔다. 관민 일체의 수출 진흥 정책의 결과 일본은 막대한 무역 흑자를 계속 올리게 되었던 것이다. 이러한 산업 체제를 안정적으로 지탱해주었던 것은, 우선은 메인뱅크(우리나라의 주거래은행제도와 비슷한 것으로 기업에 대한 최대 채권은행. 기업의 후견자역할을 하는 은행-역자 주)에 의한 자금공급이나 계열사 간 거래가 가져다주는 장기적인 안정성이었고, 나머지 하나는 이른바 연공서열제나 종신고용제 등 안정된 고용에 의해 가능했던 노사 협조였다.

좀 더 기술하자면 이러한 관 주도 개발주의 정책의 최대 전제 조건이 되었던 것은 보수 일당 우위제라는 장기 정권이 가져온 정치적 안정이었다. 도식화해서 언급하자면 보수 정치가 혁신 정치로부터의 비판이나 공세에 대한 바람막이가 되어줌으로써 경제 관청과 재계의 긴밀한 '관민 협조'에 의해 수출 진흥이나 경제 성장이 실현되었고, 그에 따라 이번엔 자민당 지배의 사회 경제적 조건이 정비된다는 순환이 성립되었던 것이다.

구우파 연합이란(2)——정치적 후견주의

물론 일본사회당이 이끄는 혁신 세력이 아직은 강했던 이 시절, 정권 교체를 계속 저지하면서 자민당에 의한 보수 장기 정권을 유지하는 것은 결코 용이한 일이 아니었을 것이다. 요시다 독트린은 그야말로 보혁 대립이 첨예화되는 위기를 피하고자 외교 안보나 헌법개정 등 민감한 쟁점 사항을 일단 보류하고 경제 성장 실현에 의해 온 국민에게 나누어줄 파이를 매년 더 크게 만들어서 계급 간 대립을 완화시키고자 했던 전략이었다. 그 때문에 개발주의의 성공이 불가결했지만 동시에 계층적인 사회를 온존하면서도 경제 성장의 결실을 일정 정도 재분배하는 것이 중요하다고 생각되었다. 이것이야말로 구우파 연합의 일익을 담당했던 정치적 후견주의다.

애당초 개발주의가 기능하기 위해서는 경제의 이중 구조가 그 전제가 되었다. 경단련経団連(일본경제단체연합회日本経済団体連合会. 1946년 전후 일본 경제정책과 관련된 사안들에 대해 조언을 주며 회원 간 의견 조정을 목적으로 설립. 1955년 자민당 창당의 원동력이 됨−역자 주) 최고 위치에 있는 기업들이 해외 시장에서 점유율을 확장해가는 국제 경쟁력을 갖기 위해서는 국가 안보나 지원만으로는 불충분했고 비용을 외부화 할 수 있는 경제 구조 역시 필요했다. 요컨대 임금 등 생산 비용을 낮출 수 있게 하고 경기 후퇴 국면에서는 그 쇼크를 대신해줄 계열사, 그리고 사회 불안을 일으키지 않고 합리화된 잉여 인원을 흡수할 수 있는 노동집약형 산업이 필요했다. 여기에 정치적 후견주의가 파고들 토양이 마련되었던 것이다.

자동차나 소비자 가전 등, 경쟁력 높은 산업에서 세계적으로 이름을 떨치는 초우량기업들이 수없이 많아지며 일본 경제 성장을 견인하는 한편, 그것을 아래에서 지탱해주는 중소 영세 기업도 있었는가 하면, 비효율적인 농업, 건설·토목업, 유통업 등도 있었다. 바로 거기에서 만년 여당인 자민당 정치가 보조금이나 공공사업을 제공하면 그 대가로 표나 돈을 획득하는 '패트론Patron−클라이언트Client 관계'가 만들어졌다. 다나카 가쿠에이로 상징되는 이익 유도 정치다.

'대표적인 세 집안'이라 칭해졌던 농림족, 건설족, 상공족 등의 족의원(건설업, 농업 등 업계 이익 단체와 결탁해 돈과 표를 받는 대가로 정책 결정 과정에서 이들의 이익을 대변해온 정치인─역자 주)들이 점차 자민당 정무조사회(정조회)에서 그 발언권이 커지게 되었다. 업계 단체가 가져오는 조직표와 정치 헌금을 배경으로 정책 결정에 깊이 관여하며 이익 구조를 형성하고 옹호하는 힘을 숙석해갔다. 이러한 구도는 한편으로는 경제적 약자를 보호하고 물리적인 국민 통치를 보증해주는 측면을 가지지만, 다른 한편으로는 경제적 약자의 고정화와 강자에 대한 복종을 강화시키는 측면을 가진다. 파벌의 영수나 거물 족의원 등 일본 국회에 군림하는 보스를 정점으로 평의원, 지방의회 의원, 더 하위 지방의회 의원 등, 두목·부하 관계의 연쇄로 계층적으로 구성된 정치적 후견주의 정치 행태가 나타난다. 이런 상태라면 상위자로부터의 비호를 받기 위해서 납작 엎드려 충성을 다하지 않으면 안 되는 것이다. 다나카파(다나카 가쿠에이 이후 보수 본류를 주도하며 다수의 총리를 배출한 자민당 내 대표적 파벌─역자 주)가 공고한 '철의 약속'으로 알려졌던 것은 바로 이 때문이었다.

구우파 연합의 보수성

헌법개정을 보류하고 오로지 경무장으로 일관하면서 경제 성장을 최우선으로 하고 국민 생활 전체를 총체적으로 발전시켜 계급 간 타협을 찾고자 했던 구우파 연합. 이는 오늘날의 신우파 연합과 비교했을 때 분명 보다 좌측 방향으로 기울어져 있던 일본판 '국민정당'을 이루고 있었음을 인정할 수 있으리라.

그러나 개발주의든 정치적 후견주의든 계급 간 대립의 근본적 해결을 목표로 하고 있었던 것은 아니다. 오히려 국가 권위 아래서 전근대적인 가치 질서로 국민을 통합한다고 하는, 태평양 전쟁 이전부터 이어진 국가보수주의(나카노 『전후 일본의 국가보수주의』)가 구축해온 계층적 권력 구조 위에 성립되어 그 온존을 시도한 것이었다. 그렇다면 두말할 것도 없이 보수 지배의 한 형태에 지나지 않았다고 할 수 있을 것이다.

국가주의적 충동만 해도 재군비나 역사수정주의로 향하는 대신, 전후 부흥과 '서양을 따라잡자'라는 표어처럼 외부에 대해서는 '기업 전사'에 의한 경제 내셔널리즘, 국내에서는 보조금이나 공공사업의 진정陳情을 통해 지역 간 격차를 축소하고 '1억 총중류' 사회를 실현하는 것에서 그 분출구를 찾고 있었다. 그런 이유에서 국민 의식 혹은 내셔널리즘은 건재했고 리버럴한 보편주의나 권리 의식으로 발전하지 못했다.

구우파 연합의 자민당에게 가장 의지가 된 양대 지지 모체라고 한다면 개발주의의 파트너였던 일본 경단련과 정치적 후원주의의 상징이라고 할 수 있는 농협을 들 수 있다. 원래라면 이해관계가 상호 모순되어 있었을 양자의 연합이 가능했던 이유는 무엇일까. 업계 단체나 사회 전반에 걸쳐 국가 관료제의 권위가 우월했던(관존민비官尊民卑) 전통 아래, 기업 전사도 농가도 대등하게 국민 의식을 공유하고 있었기 때문이다. 이런 전제 위에서 구우파 연합 정치의 호순환이 실현되었으며 '국민 경제'는 계속해서 신장될 수 있었던 것이다.

그러나 구우파 연합의 접착제로서 어떤 의미에서는 이러한 내적 요인 이상으로 유효하게 작용했던 것은 공통의 외적이라 할 수 있는 혁신 세력의 존재였고, 냉전 구조가 초래한 정치 시스템의 경직성이었다. 혁신 세력이 보수 진영을 크게 제약하는 바깥 테두리로 기능하는 동시에 정권 교체를 가능케 하는 대안이 될 수 없었던 것이 구우파 연합의 존속에 있어서 엄청나게 다행스러운 일이었다.

2 혁신 세력——'삼분의 일'의 역할과 한계

냉전 속의 보혁 대립

1955년 가을 좌우 사회당이 재차 통일하고 이어서 자민당이 생겨났을 때 보혁 대립 구도가 완성되었다. 그러나 그때 당시 더 큰 활기를 보였던 것은 오히려 사회당 쪽이었고 특히 그 좌파였다. 보수합동은 실로 그러한 혁신으로부터의 공세에 대한 대응으로서 절실한 필요에 의해 실현되었다.

하토야마 이치로에서 기시 노부스케로, 자주 헌법 제정에 관한 논의가 더욱 왕성해지는 가운데 다시금 통일을 눈앞에 둔 중의원 선거에서 좌우 사회당은 헌법개정 발의를 저지할 수 있는 3분의 1을 넘는 의석을 획득하며 역코스의 흐름을 가로막았다. 미일 안보조약 개정이 국론을 양분시키며 온 나라를 뒤흔들던 1950년대 말, 보수 자민당과 혁신 사회당이 서로 대치하는 양대 정당제가 형성된 것처럼 비춰지며, 머지않아 사회당이 정권을 쟁취할 날도 올 거라는 시나리오가 한층 더 현실적으로 다가왔다. 사회당을 지지했던 주요한 모체는 전일본자치단체노동조합(자치노), 일본교직원조합(일교조) 등 관공서 계열의 노동조합을 중심으로 한 일본노동연합총평의회(총평)였다.

60년대 이케다 내각이 구우파 연합의 정치로 방침을 대폭 변경했던 것은 혁신 세력의 위협으로부터 보수당이 정권을 계속 지켜내기 위해서는 어쩔 수 없는 측면이 적지 않았다. 60년대 안보 투쟁 와중에 있던 기시 노부스케 정권 말기, 통산성대신을 역임했던 이케다 하야토는 기시 퇴진 후 수반 지명을 받아 '소득증배', '저자세', '관용과 인내'를 슬로건으로 요시다 독트린을 떠받들던 구우파 연합의 정치로 방침을 대폭 변경했다(이토 마사야伊藤昌哉 『이케다 하야토와 그 시대池田勇人とその時代』 p.104-117).

그러나 현실에서 사회당은 정권 교체로 이어질 만한 기세를 유지할 수 없었다. 좌파와의 노선 투쟁 끝에 우파 일부가 1960년 1월 분열하여 민주사회당(훗날 민사당으로 개칭)을 결성하였고 일본노동총동맹(동맹)을 지지 모체로 삼아버렸던 것이다. 일본노동총동맹은 반공주의 색채가 강하고 노사 협조를 지향하는 민간 노조를 규합한 단체였다. 민사당은 구우파 연합과 상당 부분 정책적으로 입장이 중첩된다. 최근 드러난 사실에 의하면 결당 당초부터 민사당은 좌파 세력 약화를 노린 미국 중앙 정보국CIA로부터 비밀리에 자금 원조를 받고 있었다(2015년 2월 22일, 교도통신共同通信).

'혹시라도 좌파가 주도권을 장악하는 사회당으로 정권 교체가 이루어진다면.' 이런 가정이 냉전하에서는 그토록 우려될 만한 일이었다는 점을 미루어 짐작할 수 있다. 하지만 겨우 5년 남짓 되는 짧은 사이에 보수와 혁신의 양대 정당제가 붕괴했다는 것이 의미하는 바는 실로 컸다. 그 후에도 1964년 공명당이 결성되었고 1960년대 말부터 1970년대 전반에 걸쳐 일본공산당도 약진을 이루었다. 야당이 다양해지는 흐름 속에서 사회당의 상대적 중량감은 저하되지 않을 수 없었지만 여전히 최대 야당의 지위에는 안주할 수 있었다. 민사당·공명당 등도 헌법개정 반대의 자세는 견지했기 때문에 혁신 세력으로의 정권 교체는 실현 가능성이 점점 사라져 가긴 했지만, 합산하면 '3분의 1'을 넘는 보수에 대한 강한 제재가 그 폭주를 미연에 막는 커다란 구도로 유지되었다.

혁신 지자체와 백중 국회

결과적으로 사회당의 의석 획득률은 1958년 중의원 선거에서의 35.5%를 피크로 이후에는 조금씩 내려가게 되었다. 하지만 민사당이 생겨나 분열한 이후에도 당세 회복을 위한 노력이 전혀 이루어지지 않았던 것은 아니다.

아사누마 이네지로浅沼稲次郎가 우익 소년에게 암살되었을 때(1960년 10월 일본사회당 당수인 아사누마 이네지로가 방송사 주최 3당 대표자 합동 연설 회장에서 극우 청년 야마구치 오토야山口二矢에 의해 살해된 사건—역자 주), 서기장 자리에 있었던 에다 사부로江田三郎는 1960년 점진적인 개혁을 진행시킨 뒤 그 축적된 것으로 사회주의를 실현하자는 구조개혁론을 제창했다. 이어 1962년 '미국의 평균적인 생활수준'과 '소련의 철저한 사회보장', '영국의 의회 민주주의'와 '일본 헌법에 나타난 평화주의'로 구성된 '에다 비전'을 발표하여 여론의 압도적 지지를 받았다.

그러나 에다는 우파인 민사당의 분열에 의해 당내에서 영향력을 증강하고 있던 좌파의 견제를 받게 되고 결국 좌파와의 노선 투쟁에서 패배하고 만다. 오히려 사회당은 1964년, 복지국가 건

설을 자본주의의 연명책이라며 배척하는 등 교조주의적 마르크스주의 논리로 강하게 규정된 『일본에서의 사회주의로의 길日本における社会主義への道』을 사회당의 강령적 문서로 채택하기에 이른다. 이에 따라 일본사회당은 예를 들어 서독의 흐름과는 크게 상이한 길을 걸어가게 된다. 1959년 서독 사민당은 '사회적 시장경제'를 명확하게 받아들이며, 계급정당에서 국민정당으로 탈피를 선언한 '고데스베르크 강령'을 채택했다. 또한 1966년에는 대연립으로 정권에 참가하였고 1969년 빌리 브란트 수상을 탄생시키기에 이른다.

하지만 고도 경제 성장에 따른 도시화와 공업화가 초래한 여러 문제들은 자민당 정권에 대한 비판을 사회당에 대한 지지로 바꾸는 잠재적 찬스를 제공했다. 사회당 내부에서도 60년 안보 투쟁에서의 패배를 받아들이며 사회주의 고유의 중앙집권적 발상에서 나왔던 국정 편중의 정치 자세를 재검토해보자는 기운이 높아져 갔다.

이렇게 해서 한계 상황에 봉착한 국정을 뒤로 하고, 민주주의 실천과 평화주의 옹호는 다름 아닌 지방에서 나오게 되었다. 1963년 중의원 의원 아스카다 이치오飛鳥田―雄가 요코하마 시장에 당선된 것을 시작으로 '혁신 지자체' 시대가 그 막을 연다. 1967년에는 미노베 료키치美濃部亮吉(천황기관설로 유명한 미노베 다쓰키치美濃部達吉의 아들―역자 주) 도쿄도지사에 의한 혁신적 도정都政이 실현되었다. 1973년에는 당시 아홉 곳 있었던 정령지정도시政令指定都市(광역지자체인 도도부현都道府県에 속하지만, 경찰·광역도로·광역하천 등의 사무를 제외하고는 그 권한을 대폭 이양 받아 도도부현에 준하는 권한을 행사하며, 산하에 자치권이 없는 행정구를 두는 도시-역자 주) 가운데 여섯 곳이나 혁신 시장이 이끌게 되었다. 기타 일반적인 시의 경우도 1974년 시점에서 도시 인구 40% 가까이가 혁신 지자체에 살았다는 계산이 나온다. 도도부현 레벨에서는 1975년 도쿄, 오사카大阪, 교토京都, 사이타마埼玉, 가나가와神奈川, 시가滋賀, 오카야마岡山, 가카와香川, 오키나와沖繩 등 최대 아홉 곳의 혁신 지자체가 존재했다.

때를 같이 하여 1970년대 중반, 국회에서도 여당 자민당 의석이 과반수를 간신히 넘기고 있었고 격렬한 파벌 투쟁과 맞물려 힘겨운 의회 운영을 할 수 밖에 없는 '보혁 백중伯仲' 정세가 되었다. 기시 노부스케를 이어받아 원래라면 매파에 위치할 후쿠다 다케오福田赳夫(제67대 내각총리대신. 다나카 가쿠에이의 정적이었으며 '후쿠다 독트린'에 입각하여 아시아 중시 외교를 펼침. 고이즈미 전 총리는 후쿠다 다케오의 비서로 정계에 입문함-역자 주)에 의해 구성된 내각(1976~1978)마저 총괄적으로 살펴볼 때 구우파 연합의 틀에서 벗어나지 않는 안전 운전을 할 수 밖에 없었던 것은 이런 사실을 반영하고 있었다. 조금씩 지지율이 떨어지고 있었던 것은 사회당뿐 아니라 자민당 역시 마찬가지였다.

중도의 성립과 보혁 대립 구조의 동요

그러나 최종적으로 혁신 지자체 시대는 1970년대 말 사회당 위원장이 된 아스카다 이치오나 3선에 이른 미노베 료키치 등이 수장의 자리에서 물러나자 차츰 그 종말을 맞이했다. 우선은 혁신 지자체가 시작한 정책을 구우파 연합인 자민당 정권이 국정 레벨에서 흡수해갔기 때문이고, 또 하나의 이유는 집권 여당과 결탁한 중앙 관청이 재정이나 행정 절차 등 여러 가지 면에서 혁신 수장들을 압박했기 때문이었다.

더더욱 중요한 이유는 사공공투社共共闘(1960년대부터 70년대에 걸쳐 일본사회당과 일본공산당의 공동 투쟁에 의해 혁신 정권을 수립하고자 했던 정치 방침. 보다 폭넓게 혁신 공투, 혁신 통일이라고도 부름—역자 주)에 위기감을 고조시킨 민사낭과 공명당 등이 혁신과는 일선을 긋고 야당 공동 투쟁의 틀로부터 공산당 배제를 주장하는, 중도 아이덴티티로 바뀌게 된 것이라고 할 수 있다. 국정 레벨에서도 의회 운영의 필요성 때문에 자민당이 이른바 '자공민自公民 노선(이른바 55년 체제에서 자민당이 공명당, 민사당의 협력에 의해 정권 운영을 행했던 것—역자 주)'을 취하며 공명당이나 민사당과 연계를 강화시켜갔던 것이 이러한 변화에 박차를 가했다. 1976년에는 자민당에서 분열된 신자유클럽(1976년 창당되어 1986년 해산된 일본의 중도 보수 정당. 고노 요헤이 등 소장파 의원들이 참여—역자 주)도 약진하고 있었다. 따라서 이 시기의 중도는 이후 정권의 주도권을 장악할 정도로 활기를 띠었다.

이렇게 보수와 혁신의 수장들은 보수 중도 후보에게 그 자리를 내주거나, 혹은 스스로가 공산당을 뺀 보수와 혁신의 총체적 여당 후보가 되어 살아남거나, 그 어느 한쪽을 선택할 수밖에 없게 되었다. 결국 혁신 지자체의 성공은 국정 레벨에서의 정권 교체로 이어지지 못했다. 한편 1970년대 도시부를 중심으로 사회당과 공산당의 연계에 의해 혁신 지자체가 퍼져가는 양상을 보였던 프랑스의 경우, 1981년 사회당 미테랑 대통령이 정권 교체를 실현시켜 공산당과의 연립내각을 수립했었다. 성공을 거두었던 프랑스에 비해 일본의 경우는 그 결과가 매우 대조적이었다고 할 수 있다.

성공은커녕 국정에서도 사회당은 공산당과의 공동 투쟁 지속을 주장하는 좌파와 우파 에다 사부로와의 대립이 격화된 끝에 에다가 탈당(곧 사망), 1978년 사회민주연합(사민련)이 결성되었다. 에다는 비자민·비공산의 '사회당·공명당·민사당+신자유클럽' 협력에 의거한 정권구상을 제창했다.

　일련의 노선 투쟁 속에서 좌파에 대한 비판도 거세지고, 이것을 계기로 사회당도 1980년대부터 중도 정당들과 연대하겠다는 방침으로 바뀌어간다. 그러나 중도의 성립에 의해 보혁 대립이라는 구조가 흔들리기 시작한 가운데 대응은 언제나 한발 늦었다. 결국 점진주의적 전략에 의한 정권 획득을 위해 '혁신의 혁신'이 필요하다고 일관되게 주장해왔던 에다라는 리더를 잃고 주체성이 불분명한 '사공민社公民 노선(1960년대부터 1990년대에 걸쳐 일본사회당이 공명당, 민사당과 함께 자민당에 대항하여 공동 투쟁 하는 전술이나 전략—역자 주)'으로 전환되어갔다.

3 어째서 구우파 연합은 파탄이 났는가

성공의 대가

　55년 체제에서는 보혁 대립이 기본적 구조였음에도 불구하고 정작 보수의 위기는 정권 교체를 압박하는 혁신 세력에 의해 직접적으로 초래된 것이 아니었다. 구우파 연합의 성공에 의해 혁신의 위협을 무사히 넘길 수 있었던 보수였음에도 불구하고, 구우파 연합 그 자체의 내재적 논리가 허물어지는 상황에 직면하지 않을 수 없게 되었기 때문이다. 즉 구우파 연합은 성공을 거두었지만 성공에는 지불하지 않으면 안 될 대가가 있었던 것이다.

구우파 연합을 견인했던 개발주의는 말 그대로 커다란 성공을 거두었다. 보수 본류의 이케다 하야토, 사토 에이사쿠, 다나카 가쿠에이로 정권이 이어지는 가운데 고도 경제 성장에 의해 전후 부흥이 성공적으로 이루어졌고 1964년에는 경제협력개발기구OECD로 가맹할 수 있게 되었으며 올림픽을 개최하여 바야흐로 선진국 대열에 합류했다는 인상을 주었다. 1968년에는 서독을 제치고 국민총생산GNP이 미국 다음으로 제2위에 올랐다.

대외적으로는 개발주의 성공이 무역 마찰을 불러일으켰다. 특히 미일 간에는 섬유, 철강, 가전제품, 자동차, 반도체, 그리고 농산물 등, 1960년대 이후 적어도 1990년대까지 끊임없이 외교 문제가 지속되었다. 특히 1980년대에는 존슨에 의한 개발주의 경제 모델 분석을 단초로 한 '일본 이질론' 등 비판의 소리가 커져 '안보 무임승차론'까지 불러일으켰다. 1990년대부터는 안보 면에서의 '국제 공헌'에 대한 요구와 함께 규제 완화 등 내정에도 크게 개입하는 형태로 미국으로부터 시장 개방 압력이 거세져 간다. 개발주의 자체가 표적이 되었고 그 해체가 요구되었던 것이다.

또한 앞서 개발주의가 기능하기 위해서는 외부화된 경제 개발 비용을 맡아줄 정치적 후견주의가 불가결했다는 것에 대해 논했는데, 국내에서도 그러한 비용이 더더욱 증대되면서 정치적 후견주의의 규모와 작용에 대해 재계나 도시 중간층(샐러리맨 등)으로부터의 비판이 거세져 갔다. 예를 들어 도시화와 공업화가 진척되면서 경제 성장이 이루어질 수 있었지만 그에 따라 동전의 양면처럼 필연적으로 농촌 지역의 인구가 급감하고 고령화가 심각해졌다. 경제적 자립이 언제 가능할지 요원해져 버린 농촌 지역은 이익 유도 정치의 최고의 고객이 되어버렸던 것이다. 하지만 이런 보완 관계가, 구우파 연합에게 호순환을 계속해서 창출해내기 위해서는 개발주의 수익자들이 정치적 후견주의에 침전해가는 비용을 자신의 것으로 용인해줄 것이 전제 조건이었다.

구우파 연합의 '비용'

구우파 연합의 큰 틀을 정한 요시다 독트린은 무엇이었던가. 단적으로 말하자면 경제 성장의 성과, 즉 '돈'에 의해 보수 지배하의 국민 통합을 보증하고자 했던 것이었다. 따라서 구우파 연합의 금전적 비용 부담에 관한 국민 의식의 공유라는 전제가 무너져 버리면 시스템으로서 파탄이 나버리게 된다. 구우파 연합을 지탱해준 돈의 순환에는 공적인 것과 사적인 것, 두 종류의 경로가 있었다.

공적인 금전적 비용이란, 즉 재정 부담이었다. 도쿄 올림픽 직후였던 1965년에 그때까지 유지해왔던 균형 재정이 붕괴되며 처음으로 국채가 발행되었고, 그 후 1975년부터 본격적인 적자 국채 발행이 시작되었다. 그 결과 세수를 웃도는 세출을 국채 발행에 의해 조달하는 방식으로 재정 적자 체질이 심각해져 갔다. 충분한 세수를 확보하지 못한 채 공공 지출의 증대만 진행되는 상태가 구우파 연합의 이른바 고질병으로 떠오르게 되었다. 바꾸어 말하자면 소비세 등 대형 간접세 도입을 포함한 세제 개혁과 공공 지출의 삭감·재검토라는 두 가지 연동된 과제에 대한 처리가 구우파 연합 앞을 가로막게 되었던 것이다.

다른 한편으로 구우파 연합의 통치 시스템을 유지하기 위한 사적인 돈의 순환이란, 우선 돈이 드는 금권 선거였으며 오직汚職이나 담합 등의 정치 부패였다. 또한 매끄러운 국회 운영을 위해 공산당을 뺀 야당에 대한 금품 수수를 포함한 뒷거래가 횡행했던 '국대정치(비공식적인 국회대책위원회에서 모든 사안을 사전에 조정하고 결정한다는 의미에서 여야 간의 담합정치, 밀실정치를 비난하기 위해 사용되는 용어—역자 주)'가 중도 세력의 신장과 혁신 진영(사회당과 공산당)의 분열 이후 본격화되어갔다.

구우파 연합은 파벌이나 족의원, 국대(국회대책위원회)가 발호하는 퍼주기 식 정치나 금권 정치라는 이름으로 비판당하기에 이른다. 이러한 구우파 연합의 지배 행태는 보수 본류로 주도권을 장악해온 이케다파·오히라파·미야자와파의 계보인 고치카이宏池会(설립자 이케다 하야토를 비롯하여 오히라 마사요시 등 다수의 총리와 총재를 배출하여 자타 공인 보수 본류의 명문 파벌로 간주되어옴—역자 주)와 사토파佐藤派(사토 에이사쿠가 요시다파 중 라이벌이었던 이케다 하야토와 결별하고 결집한 파—역자 주)·다나카파田中派(다나카 가쿠에이가 사토파의 대다수를 이끌고 독립한 파벌—역자 주)·다케시타파竹下派(다나카 가쿠에이에게 불만을 가진 다케시타 노부로竹下登, 가네마루 신金丸信등이 다나카파의 대다수를 이끌고 독립한 파벌—역자 주)의 계보에 맞서 당의 근대화를 내걸고 보수 방류인 후쿠다 다케오나 미키 다케오 등이 도전해가는 대의를 부여하게 되었다(나카키타 고지中北浩爾 『자민당 정치의 변용自民党政治の変容』).

물론 구우파 연합으로 모이는 금전적 비용에 대한 비판은 사회당을 비롯한 야당 측에서도 전개되었다. 하지만 자민당 정권의 지나친 행위에 대해 반대opposition는 하지만, 대안alternative이 될 수는 없었다. 오히려 어느 사이엔가 이러한 통치 시스템에 휘말려 들어가 버린 것으로 인한 박력 부족을 부정할 수 없게 되었다.

자유화와 포괄성

민주주의론의 고전『폴리아키Polyarchy: Participation and Opposition』에서 로버트 달Robert Dahl은 민주화에는 두 가지 좌표축(차원)이 있다고 지적하고 그것들을 '자유화'와 '포괄성'이라 부르며 쌍방이 실현되어 있는 정치 체제를 폴리아키라고 칭했다. 자유화란 집권 여당에 반대하고 경합하는 정치 세력이 존재하고 아울러 정권의 자리를 둘러싼 다원적인 정당 간 경쟁이 일상화되어 있는 것을 의미한다. 한편 포괄성이란 정치 참가 기회가 널리 시민들에게도 부여되어 있는가를 문제 삼는 개념이다.

이러한 두 가지 형식적 요건을 충족시키고 있는가를 척도로 삼았을 때 전후 일본은 그런대로 폴리아키, 즉 자유민주제로서 존재해왔다고 말할 수 있다. 하지만 정권 교체 가능성을 가진 경쟁적인 정당 시스템을 결국에는 만들어낼 수 없었다는 점에서 55년 체제는 '자유'의 정도가 낮은 정치 시스템에 머물렀다고 평가하지 않을 수 없다. 냉전 종반기에 이르러 사람들이 풍요로움 속에서 선택의 자유를 강렬히 열망하게 되자 구우파 연합과 혁신 세력은 양자 모두 커다란 위기에 봉착하게 된다.

냉전이 그 종언을 고하려고 할 즈음, 경직된 55년 체제가 마치 해동되기라도 하는 것처럼, 다원적이고 유동적인 정당 간 경쟁이나 자유롭고 변덕스러운 유권자들의 선택이 특징인 '정치의 자유화'가 그 막을 연 것이다.

제2장
냉전의 종식
——신우파 전환으로

1 신자유주의 시대로

냉전 말기의 국제 정치 경제

신자유주의가 단순한 사상적 학파로서가 아니라 중도 우파 세력의 신우파 전환을 추진하는 이데올로기로 정치 경제에 실질적인 영향을 초래했다는 것은, 앞서 언급했듯이 1979년 영국에서 대처가 집권하거나 그 다음 해인 1980년 미국에서 레이건이 대통령으로 당선되고부터의 일이었다. 냉전 상황 속에서 맨 처음 등장했을 때, 신자유주의는 보다 광범위한 자유주의적 흐름의 일환으로 받아들여지고 있었다.

냉전 구조 속에서 전후 대부분의 서방 국가들에서는 국민정당이 될 것을 지향하는 중도 우파나 중도 좌파 정치 세력 모두가 일정한 합의(컨센서스)에 바탕을 둔 정치를 전개해나가고 있었다. 계급 대립이 완화됨에 따라 국민 통합을 우선하는 정치는 사회에 안정을 가져다주었고 빈부 차 확대를 막아주는 경향이 있었다. 하지만 그런 한편으로 어느 정당이 이겨도 정책적으로 큰 차이가 없었다. 유권자들 입장에서는 선거를 통해 정책을 선택할 수 있는 폭이 좁다는 불만이 생겼다. 아울러 공공 구역 확대로 인해 민간의 일자리가 줄어들었고, 시장 경쟁을 통한 소비자의 선택 폭이 좁아졌다는 비판을 받게 되었다.

그런 가운데 복지나 교육 분야에서의 공공 지출의 삭감 때문에 큰 불만을 샀던 대처도 공영주택 불하 정책에서는 지지를 얻어 민영화, 규제 완화, 파운드 가치 상승에 의해 들끓은 주식시장과 함께 주택 시장도 활황을 보였으며, 중간층이나 부유층의 물질적 번영을 바탕으로 소비문화가 꽃을 피우는 상황이 되어갔다. 자기 이익이나 물욕 추구를 긍정해주는 것은 신자유주의의 '매력'임에 틀림없었다. '가진 자'들을 속박이나 자제로부터 해방시키는 면이 상당했던 것이다.

자유화로 향하는 이러한 흐름은 자본주의 진영에만 머무르지 않았다. 소련에서도 미하엘 고르바초프가 1985년 서기장에 취임, 페레스트로이카(개혁)나 글라스노스트(정보 공개)를 추진해간다. 아시아에서도 중국에서 마오쩌둥이 1976년 서거, 1978년부터 덩샤오핑이 개혁 개방을 내걸고 시장 경제로 이행하기 시작하고 있었다. 또한 오랫동안 군사 독재 정권이 이어지고 있던 한국에서도 1980년대 민주화 운동이 격렬해지며 마침내 1987년 민주화 선언이 이루어졌다.

자유, 특히 경제적 자유에 대한 희구를 축으로 세계가 급변해가는 가운데, 일본의 구우파 연합 역시 제1장의 마지막 부분에서 언급했던 외교나 재정 면에서의 '비용'에 대한 대응에 부심하게 되었다.

국제협조주의의 전개

이러한 문제의식을 가장 먼저 표명했던 사람은 오히라 마사요시였다. 미국과 중국의 접근과 금과 달러와의 교환정지에 의한 브레튼우즈 체제의 종말이라는, 닉슨 쇼크의 정점에 있던 1971년, 이미 다음과 같이 언급하고 있었다(오히라 마사요시 『어지러운 속세의 잡다한 구실風塵雜俎』 p.97-98, 후쿠나가 후미오福永文夫 『오히라 마사요시 '전후 보수'란 무엇인가 大平正芳 「戦後保守」とは何か』 p.8-9).

우리 일본은 바야흐로 전후의 총결산이라고 부를 만한 전환점을 맞이하고 있다. (중략) 혼신의 힘을 다해 경제의 해외 진출을 시도해왔으나, 그야말로 그 진출이 너무나 격렬하기 때문에 외국의 질시와 저항을 받기에 이르렀다. 대미 협조에 운명을 내맡기고 애써 국제 정치에 참가하지 않고자 피해왔으나, 달러 체제의 약화 때문에 험난한 자주 외교에 대처하지 않으면 안 되게 되었다. 온 나라 전체가 스스로의 경제 부흥에 전념해왔으나, 우리 일본의 경제 성장과 약진 때문에 '국제적 인사이더'로 '경제 국제화의 담당자'가 되지 않을 수 없게 되었다.

이것은 실로 커다란 전환점이라 하지 않을 수 없다. 이 전환기에 직면하여 앞으로의 방향을 잘 살피는 것이 정치의 사명이다. 우리 국민은 분명 이 시련을 극복하기에 충분한 에너지를 가지고 있다. 단 이런 에너지의 활력 있는 전개를 촉구하기 위해서는 정치 자세를 바르게 하고 정책 궤도의 대폭적인 수정을 단행하지 않으면 안 된다.

오히라는 1978년 말에 수상이 되는데, 오타케 히데오大嶽秀夫가 지적했던 것처럼, 이러한 자유주의적 국제협조에 대한 관여를 명확하게 꺼내기 시작했다는 점에서 '오히라가 그 전환점에 서고, 오히라의 브레인을 이어받은 나카소네가 그 전환을 완료시켰다'고 말할 수 있었다(『자유주의적 개혁의 시대-1980년대 전기의 일본 정치自由主義的改革の時代—1980年代前期の日本政治』 p.263).

국제협조주의Internationalism란 단적으로는 일본의 헌법 전문에 나온 '그 어떤 국가도 자국에만 전념하여 타국을 무시해서는 안 된다'라는 보편적인 '정치 도덕의 법칙'이다. 보다 구체적으로는 자유주의적 다국 간 대화나 경제 문화 교류 등을 중시한 대외협조적 외교자세를 가리킨다고 해도 무방할 것이다.

일본의 경우 미국과의 안보조약을 중심으로 한 외교 관계가 가장 중요하다는 사실, 그리고 실제 국제 사회에 미국의 발언권이 강력하기 때문에 국제 협조는 대미 협조와 적지 않게 중첩되는 면이 있어서 종종 동의어라고 이해되는 경우도 있다. 하지만 미국 스스로가 종종 단독행동주의나 고립주의에 빠지는 것처럼 기실은 반드시 국제 협조를 체현하고 있는 것은 아니다. 상기의 인용문에서 오히라가 '대미 협조'와 '국제 정치에 참가'를 구별하고 있는 것은 이 때문이다.

흥미로운 사실은 나카소네 야스히로 정권의 슬로건으로 훗날 유명해진 '전후 정치의 총결산'의 원형이 된 '전후의 총결산'이란 표현도 오히라가 처음으로 사용하고 있다는 점이다. 사실 미일 관계를 '동맹'이라고 명확히 표현하거나 일본을 미국의 '가라앉지 않는 항공모함'이라고 비유했던 것도 오히라가 나카소네보다 앞서고 있었다(핫토리 유지服部龍二 『오히라 마사요시 이념과 외교大平正芳 理念と外交』 p.173, p.213). 후쿠다 다케오 내각 말기에 '재일 미군 주둔 경비 부담'(이른바 '배려 예산')이 개시되고 '미일 방위 협력을 위한 지침(가이드라인)'이 책정되던 상황 속에서의 일이었다.

그러나 오히라의 경우 일본이 보다 적극적인 외교를 전개하게 되어도 '방향을 잘 살피는 것이 정치의 사명'이라며 어디까지나 신중했다. 또한 '경제 협력, 문화 외교 등 필요한 외교 노력을 강화하고 종합적으로 일본의 안전을 기하려고 하는' 비군사 면에서의 외교를 강조한 '종합 안보 전략'을 내걸고 있었다(핫토리服部 「오히라 마사요시大平正芳」 p.165). 애당초 매파로서 명성을 떨치며 복고주의적 내셔널리즘에 대한 속내를 내비쳤던 나카소네와는, 안보 분야를 기반으로 한 대미 협조와 비군사 분야에서의 국제 협력 양쪽에 두는 무게가 달랐던 것이다.

또한 다나카 내각에서 외무대신으로 중일 국교정상화에 진력했던 오히라는 수상으로서 대중국 정부개발원조ODA의 계기를 마련했다. 이것은 중국에서 막 시작된 개혁 개방 노선을 적극적으로 지지하고자 했던 것으로 이러한 국제협조주의적 접근이 1990년대 중반까지 대중국 정책을 규정하게 되었다(핫토리 「오히라 마사요시」 p.185, 모리 가즈코毛里和子 「중일 관계─전후부터 새로운 시대로日中関係─戦後から新時代へ」 p.108-109).

'외상 정치'로부터의 탈피

앞서 그 시작 부분을 인용했던 연설문 속에서 오히라는 '정치 불신의 해소'를 중요 과제의 하나로 파악하고 있다. 이런 주장 역시 1980년대 행해질 논의를 앞서간 것이었다(오히라 「어지러운 속세의 잡다한 구실」 p.99).

애당초 오늘날처럼 변화가 급격한 시대에 한없이 다양화하는 국민들의 모든 욕구에 온전히 대응하는 것은 불가능에 가깝다. 그렇다고 해서 문제와 마주하기를 피하고 당면한 일들을 얼버무려 넘기려고만 한다면 모순은 점점 더 확대되고 문제는 비대해질 뿐이다. 정직한 국민의 초조함과 불만은 고양되고 정치 불신이 심해질 것은 피할 길 없다.

농업 정책, 의료, 교통 등 여러 정책들이 혼선을 거듭하고 있는 가운데, 우리들은 이런 사실을 뼈아프게 절감하는 바이다. 당장 편한 길로 도망가며 문제의 해결을 훗날로 미루는 방식은 이른바 '외상 정치'이다. 자칫하면 가공의 신용을 교환하는 융통어음 정치에 빠져버릴 수 있다. 파탄은 눈에 훤히 보인다. 결국 외상을 갚아야 할 사람은 다름 아닌 국민들이기 때문이다.

이것은 그야말로 구우파 연합의 정치 속에서 국채에 대한 의존이 높아지고 있는 것에 대한 우려를 표명한 것이었다. 오히라는 실제로 수상이 되어 처음으로 행한 내각회의 직후의 기자회견에서도 '정치가 국민들에게 안이한 환상을 무책임하게 제시하는 것은 조심하지 않으면 안 된다. 동시에 국민들도 정치에 그다지 과한 기대를 가지지 않았으면 한다'라고 언급했던 것처럼(후쿠나가福永「오히라 마사요시」 p.231), '작은 정부' 노선으로의 전환을 명시적으로 지향한 최초의 내각이었다. 또한 실제로도 1980년도부터 적자 국채 발행액의 삭감을 실현하여 이후 공채 의존도가 점점 감소되는 경향이 시작되도록 했다. 또한 설령 실패로 끝났다고는 해도 오히라는 일반소비세 도입을 유권자들에게 정면으로 호소했던 최초의 수상이었다.

그러나 오히라는 동시에 '인간적 연대의 회복'도 주창하여, '빈곤자, 노령자, 병약자가 번영의 그늘에서 자칫 소외되는 경향'이라는 점을 근심했다. 그리고 넓은 의미에서의 교육에 의해 '평화와 풍요로움 속에서 분별과 연대감을 가진 인간'을 키워가는 것을 '정치 최대의 과제'라고 큰 의미를 두었다(오히라 『어지러운 속세의 잡다한 구실』 p.101). 이것이야말로 수상 취임 후 곧이어 행한 1979년 1월의 시정 방침 연설에서 호소한 '문화 중시의 시대'가 의미하는 바였으며 '전원도시 구상'이 추구했던 이상이었다(후쿠나가 『오히라 마사요시』 p.232).

즉 오히라는 '문화 중시의 시대'에 어울리는 적극적인 정부 역할을 마음속으로 그리고 있었던 것이다. 따라서 단순히 '작은 정부'를 논한 사람이었다고는 말할 수 없다고 오타케大嶽는 지적한다. '재정 적자는 작은 국가로의 전환에 의해서가 아니라 증세에 의해 해결할 생각이었다. 이 점에 주목하자면 오히라에서 스즈키·나카소네로의 정권 교체는 정책의 중대한 전환이었다고 말하지 않으면 안 된다'고 지적한다(오타케 『자유주의적 개혁의 시대自由主義的改革の時代』 p.309~322).

이처럼 외교 안보와 경제 재정의 양면에 걸쳐 구우파 연합의 이른바 '성공의 대가'에 대한 대응을 모색했던 오히라에게서 신자유주의의 맹아를 발견할 수 있지만, 그것은 어디까지나 구우파 연합의 유지와 발전을 위해서였다.

나카소네 개인의 복고적 국가주의

신우파 전환을 일본에 도입했던 인물은 나카소네 야스히로였다. 오히라와 나카소네는 전후 부흥에 의해 일본의 경제력이 비약적으로 발전하고 국제 협조에 대한 요청이 정책 대응을 불가피하게 했다는 시대 인식까지는 공유했다. 단 거기에서 오히라는 '문화 중시의 시대'에 대한 제창으로 향했던 반면, 나카소네의 '국제성'에는 내셔널리즘의 복권이라는 의미가 담겨져 있었던 것이었다(오타케 「자유주의적 개혁의 시대」 p.263).

오히라와의 대비에 매우 뚜렷한 점이 있었다. '인간적 연대의 회복'을 목표로 내걸었던 오히라는 '동족적 연대에서 지역적인 그것으로, 지역적인 그것에서 국가적인 그것으로, 국가적인 그것에서 국제적인 그것으로 나아가는 것이어야 한다'고 단언하며(오히라 「어지러운 속세의 잡다한 구실」 p.101), 국민적 연대를 어디까지나 국제협조주의의 하위에 두었다. 그러나 1978년 오히라나 후쿠다 다케오 등과 총재 선거를 다투었을 때의 나카소네는 '포괄적인 민족의 통합과 발전'(나카소네 야스히로 「새로운 보수의 논리新しい保守の論理」 p.201)을 새로운 정치 목표로 내걸고 있었다. 나카소네의 국가주의는 국제협조주의로 승화되어 안개처럼 사라지는 것이 아니라, 오히려 일본이 국제 사회에 공헌하기 위해 9조를 중심으로 한 헌법개정이나 자주 방위 강화가 필요하다는 논법에서 발견할 수 있는 것처럼, 국가주의의 복권 그 자체가 요구된다고 주장하는 것이었다.

이것은 오히라가 보수 본류의 계승자로서 어디까지나 요시다 독트린을 견지한 채 구우파 연합의 정치를 새로운 시대에 적응시키려고 했던 것과 비교된다. 보수 방류에 속하며 일관되게 매파의 국가주의자로서 명성을 떨쳐 온 나카소네가 '경제의 시대'의 종언이나 '전후 정치의 총결산'을 입에 담았을 때는 요시다 독트린만이 아니라 구우파 연합의 정치도 근본적으로 재검토해야 한다는 의미였다.

나카소네 개인이 본래부터 가지고 있던 국가주의는 다분히 복고조의 반동적인 것이다. 그러한 측면은 수상이 되고나서도 야스쿠니 공식 참배나 교육개혁에 대한 강한 집착을 통해 엿볼 수 있었다. 나카소네의 속내는, 태평양 전쟁 이전의 '수신'을 평가하고 전쟁 후 정해진 교육기본법에 대해 '평화라든가 인권, 인격, 민주주의, 그러한 요소가 여기저기 보이고 세계적으로 봤을 때도 더할 나위 없이 좋은 점을 총망라하고 있습니다. 그러나 자국의 전통이나 문화, 공동체, 나라라든가 국가, 책임과 의무, 그러한 모든 것을 관통하는 강한 뼈대를 거의 가지고 있지 않습니다'라고 한탄했다는 점을 통해서도 살펴볼 수 있다(나카소네 야스히로 『자성록—역사 법정의 피고로서自省録—歷史法廷の被告として』 p.195-202).

미일 안보 속의 자위력 증강

그러나 실제로 나카소네 정권에서는 수상이 본래부터 가지고 있던 복고적 국가주의 신조는 상당히 억제되는 결과를 낳았다. 수상이 가슴 속에 새겨두고 있던 교육 개혁의 주 무대가 되었던 임시교육심의회(임교심)는 교육기본법의 개정이라는 나카소네의 숙원 사업에 관여하지 않을 것을 명기하며 설치되었고, 복고적인 교육론도 임시교육심의회 내부에서의 현실적인 토론에서는 거의 다루어지지 않은 채, 시종일관 교육 자유화가 옳은지 그른지를 둘러싼 논쟁만 거듭했다.

야스쿠니 문제에 대해서는 전후 수상으로서 최초로 1985년 8월 15일 공식적으로 참배했지만, 중국의 반발을 산 결과 '우리 일본이 평화 국가로서 국제 사회의 평화와 번영을 위해 바야흐로 막

중한 책무를 짊어져야 할 입장에 있음을 고려하면 국제 관계를 중시하고 근린 국가들의 국민감정에도 적절하게 배려하지 않으면 안 된다'(1986년 8월 14일 '내각총리대신 그 외 국무대신에 의한 야스쿠니 신사 공식 참배에 관한 고토다後藤田 내각관방장관 담화')고 하며 이후의 참배를 중지했다.

사실 이러한 논법은 이 시기의 국제협조주의의 성격을 잘 드러내고 있다. 1982년 교과서 문제가 중국이나 한국 사이에서 발생했을 때, 이에 대한 대처로 나카소네 직전의 스즈키 젠코鈴木善幸(제70대 내각총리대신. 제92대 내각총리대신을 지낸 아소 다로麻生太郎는 요시다 시게루의 외손자이자 스즈키 젠코의 사위−역자 주) 내각에서 교과서 검정기준을 담아낸 바 있다. 이른바 '근린 제국 조항'에 나오는 '근린 아시아 국가들 간의 근현대 역사적 사실을 다룸에 있어서 국제 이해와 국제 협조의 견지에서 필요한 배려가 행해질 것'(『의무교육 제학교 교과용 도서검정기준義務教育諸学校教科用図書検定基準』 및 『고등학교 교과용 도서검정기준高等学校教科用図書検定基準』)이라는 기술과 공통점을 가지고 있다.

일본이 국제 사회에서 한층 더 중요한 역할을 해나가기 위해서 과거사에 대한 반성을 바탕으로 중국이나 한국을 '배려'해야 한다는 국제협조주의의 대전제가, 나카소네의 국가주의적 지향의 확대를 억제하고 있었다.

그것도 그럴 터였다. '다나카소네田中曽根' 내각이라는 야유를 받았던 제1차 나카소네 내각은 비둘기파로 알려진 내각관방장관 고토다 마사하루後藤田正晴를 포함해서 일곱 명이나 되는 각료를 다나카파에게 의존하고 있었으며 자민당 간사장까지 다나카 직계였던 니카이도 스스무二階堂進였다. 또한 브레인 집단을 제2차 임시행정조사회(임조)나 임시교육심의회 등 수상 직결의 심의회에서 다용하여 '심의회 정치'라고 불릴 정도였다. top-down형의 정치수법을 추구했던 나카소네였지만 사토 세이자부로佐藤誠三郎(정치학자, 도쿄대학 명예교수-역자 주), 고야마 겐이치香山健一(정치학자, 가쿠슈인学習院대학 교수-역자 주), 구몬 슌페이公文俊平(사회학자, 전 도쿄대 교수-역자 주) 등 주력 브레인 대부분이 과거 오히라 브레인이었다(나카키타 『자민당 정치의 변용』 p.120-124). 요컨대 실제로 움직인 활동부대는 '다나카파'였고 정책 브레인은 보수 본류로 정치 주도권을 잡아온 '고치카이'에서 직접 내려오신 분들이었던 것이다. 나카소네에 의한 신우파 전환은, 구우파 연합을 중추에서 휘어잡고 있던 보수 본류 양대 파벌에 에워싸인 가운데 시작되었다.

구우파 연합의 '비용' 역시 나카소네를 무겁게 짓눌렀다. 정치적 후견주의 그 자체라고밖에는 말할 수 없는 다나카 가쿠에이의 록히드 사건에 대해 1심 유죄 판결이 내려졌다. 그리하여 수상 취임 1년 후인 1983년 총선거에서 나카소네 자민당은 공인 당선자 과반수를 채우지 못하는 사태에 이르러 자민당 창당 이후 처음으로 연립을 구성하게 된다. 신자유클럽과의 연립이었다.

이렇게 당내외로부터 여러 가지 제약에 직면한 가운데 나카소네는 필연적으로 자신의 국가주의 이데올로기의 강도를 낮추며 국제협조주의의 틀 안에서 국위를 떨칠 것을 목표로 할 수밖에 없었던 것이다. 그것은 구체적으로는 미일 안보와 그 틀 안에서 일본의 역할을 충실하게 하자는 대미 협조 노선의 강화라는 형태를 취했다.

나카소네는 수상에 취임하고 처음으로 미국을 방문했을 때, '미일 양국은 태평양을 사이에 둔 운명 공동체'라는 발언을 하고 나아가 일본을 '가라앉지 않는 항공모함'에 비유해서 물의를 빚었다. 나카소네의 발언은 소련의 폭격기가 일본의 상공을 비행하는 것을 저지할 수 있게 될 때까지 일본의 방위력을 증강하겠다는 의욕을 말한 것이었다. 언뜻 보기에 비슷한 표현으로 보여도 오히라의 발언과는 차이가 있다. 일본은 미군이 사용할 수 있도록 기지를 제공하는 '가라앉지 않는 항공모함'이라는 오히라의 발언과는 대조적으로 나카소네는 자위대가 보다 중요한 역할을 다할 것을 목표로 하고 있었다. 그 때문에 미일이 군사 일체화로 한 걸음 더 내딛게 되며 헌법이 인정하지 않는 집단적 자위권에 해당되는 게 아니냐는 비판을 불러일으켰다.

또한 이 시기의 미일 수뇌회담에 앞서 나카소네 정권은 무기수출 3원칙의 예외로 대미 무기 기술 공여의 완화도 결정했다. 이외에도 나카소네는 스파이 방지 법안을 성립시키려고 했지만 당내로부터 반대의 목소리가 높아 뜻을 이루지 못했다. 그러나 방위비 1% 상한선 폐지에 대해서는 끈질기게 버틴 결과, 마침내 1987년도 예산에서 약간이나마 실현시켰던 것이다.

신자유주의 개혁의 서막

경제적 자유주의, 즉 신자유주의에 근거한 '개혁'도 나카소네에 의해 시작되었다. 애당초 스즈키 내각에서 행정관리청 장관으로 '증세 없는 재정 재건'이라는 슬로건 아래, 임시행정조사회를 무대로 전개된 행정 개혁에 열심히 임했던 것이 나카소네 정권에서도 정책 과제를 크게 규정하고 있었다. 또한 과거 오히라 브레인을 나카소네가 계승할 수 있었던 것도 임시행정조사회를 경유해서였다.

그런 의미에서 나카소네 입장에서도 밀턴 프리드먼 류의 철저한 이기주의를 기초로 한 신자유주의 이념을 신봉하고 있었던 것은 아니었다. 오히려 중간 단체의 존재나 역할을 중시한 집단주의적 '일본형 다원주의'를 이상으로 하고 있었다. 그런 의미에서 '한정적인 수단으로서 신자유주의 개혁을 이용한 것에 불과했다'고 하는 나카키타 고지의 지적은 정곡을 찌르고 있다고 할 수 있을 것이다(나카키타 『자민당 정치의 변용』 p.121-128).

그러나 다른 한편으로 오히라의 경우는 어디까지나 구우파 연합의 유지와 발전을 위해 신자유주의 개혁의 필요성을 한층 한정적인 범위에서 인정하고 있었다. 이렇게 보면 오히라와 나카소네의 차이점이 보다 명백해진다. 기본적인 면에서는 오히라의 경우 '전원 도시 구상'이라는 광활한 논의에만 머물러 있을 뿐 현실 정책 변화에는 거의 손을 대지 못한 채 급히 세상을 떠났다. 그러나 나카소네는 구체적인 정책이나 제도 개혁으로 초점을 옮겼다. 때문에 아마도 일부 정책 브레인들이 동일했다 해도 '문화'를 강조했던 오히라와 비교할 때 나카소네의 경우 개별적 정책 과정에서 경제학자나 경제인들을 중용했다(오타케 히데오 『자유주의적 개혁의 시대』 p.309-322).

그리고 본질적으로는 상당히 복고적인 경향이 강한 수상 개인의 문화관·가치관을 리버럴한 브레인들이나 시대 배경이 포위하고 억제했기 때문에 나카소네는 오히라만큼이나 뭔가를 말할 수 있는 문화론을 가지고 있지 않았다. 그런 와중에 1985년 프라자 합의를 수용한 엔고 정책이나 토지 정책에서의 규제 완화 등 내수확대책 등이 서로 얽히면서 부동산 가격이나 주식이 폭등하여 버블 경기를 발생시켜버렸던 것이다. 그 결과 나카소네와 그 정책 브레인들의 의도와는 무관하게 다분히 이기적이고 신자유주의적인 졸부 소비자 '문화'가 꽃을 피워버렸던 것이다. 그것은 오히라의 비전과는 전혀 거리가 먼 것이었다.

이와 관련하여 미일 무역 마찰이 1980년대 더 한층 격화되어 가는 가운데 '국제 협조를 위한 경제 구조 조정 연구회'가 나카소네에게 답변했던 1986년 4월의 이른바 '마에카와前川 레포트'의 중요성에 대해서도 언급해두지 않으면 안 된다. '대폭적인 경상수지 흑자는 기본적으로 일본 경제의 수출 지향 등 경제 구조에 그 근본적인 뿌리를 두고 있는 바, 금후 우리 일본의 구조조정이라는 획기적인 시책을 실시하여 국제협조형 경제 구조로의 변혁을 기하는 것이 급선무'라고 말하고 있다. 이는 구우파 연합을 형성하고 있던 개발주의나 정치적 후견주의로부터의 결별이 필수적이라고 선고했던 것이다.

보다 단기적으로는 마에카와 레포트에서 제기된 민간 인력의 활용에 의한 주택 대책 및 도시 재개발 사업이나 지방채를 활용한 사회 자본 정비의 추진 등 내수 확대 정책이 버블 경기를 만들었다. 그리고 중장기적으로는 시장 원리를 기조로 한 철저한 규제 완화 정책이나 금융·자본 시장의 자유화, 같은 해 시작된 우루과이 라운드에서의 무역 자유화 교섭에 대한 적극적인 참가 등의 제언이, 개별적인 경제 정책 분야에서 신우파 전환을 점진적으로 진행시키는 장치로 기능하게 되었다.

'대통령형'의 정치 수법과 행정 개혁

정치 수법에서도 나카소네는 오히라와 매우 달랐다.

물론 이른바 브레인 정치라고 한다면 오히라의 9개 정책 연구 그룹이 효시가 되고 있다. 그러나 그것은 새로운 시대의 전망을 펼쳐나가기 위한 비전을 그리기 위한 것이었지 결코 오히라 수상 개인이나 내각을 위한 것이 아니라는 평가였다(후쿠나가 「오히라 마사요시」 p.233-239). 종래대로라면 수상 등 정치가 개인의 착상 혹은 관료제의 대증요법(병의 원인을 정확히 알지 못하고 겉으로 나타난 증상에 대해서만 행하는 임시방편적인 치료법-역자 주) 비슷한 발상에 의존하는 경향이 있던 정책 아이디어를 널리 학식 있는 경험자를 모아 제언하도록 했다는 점에서 그 자체는 매우 획기적인 것이었다. 그러나 정책 과정이라는 측면에서 보자면 브레인들은 기껏해야 입구까지만 안내하는 게 고작이었다.

그에 비해 나카소네가 활용한 임시행정조사회와 국철재건감리위원회 등은 단순한 브레인이나 행정심의회 역할을 뛰어넘고 있었다. 관료제나 이익 단체는 물론, 족의원이나 파벌의 영수가 장악하고 있는 여당이나 국회에 직접 투입되었다. 이들은 수상의 후광을 배경으로 각종 매스컴을 활용하여 여론을 자기편으로 삼아가면서 이해관계 조정이나 의사 결정을 추진해갔다. 즉 '기득권익'이 지배하는 구우파 연합에서의 합의형성형 정책 과정에 '개혁파' 수상이 강력한 리더십을 발휘하여 파고들어간다는 구도를 연출하는, 신우파 전환의 무대 그 자체가 되었다.

수상 취임 후에 받았던 임시행정조사회의 제2차 답변을 바탕으로 나카소네는 '내각 기능의 강화'에도 착수했다. 국가 기구 안에서 수상 관저로 권력이 집중되는 것을 제도화하기 시작한 것이다. 1986년 기존의 내각심의실이 '내각내정심의실'과 '내각외정심의실'로 분리되었고 내각조사실이 '내각정보조사실'로 강화되었으며 '내각안전보장실'도 설치되었다.

민영화와 노동조합 재편

한편 나카소네 개혁이라고 하면 역시 그 가장 노른자위는 국철(현재의 JR)의 분할·민영화라고 할 수 있다. '아전인수'라고 비판당한 정치적 후견주의적 정치 개입이 상시적으로 일어나고 있었던 것들에 기인하여 국철의 만성적인 적자 체질은 그야말로 구우파 연합 정치의 '부負의 유산'을 상징하고 있었다. 따라서 그 개혁 과정은 신자유주의 개혁의 대표적 사례라고 할 수 있을 것이다(구사노 아쓰시草野厚 「국철 개혁─정책 결정 게임의 주역들国鉄改革─政策決定ゲ-ムの主役たち」, 이오준飯尾潤 「민영화의 정치 과정─임시행정조사회형 개혁의 성과와 한계民営化の政治過程─臨調型改革の成果と限界」, 오타케 「자유주의적 개혁의 시대」 p.101-116).

신자유주의 개혁의 정치 수법과 함께 이후의 신우파 전환에 커다란 영향을 끼쳤던 것이 국철 개혁에 기인한 노동 운동에 대한 타격이다. 국철에서 최대의 노동조합은 '국철노동조합(국노)'이었는데 그 국철노동조합은 '전일본자치단체노동조합(자치노)', '일본교직원조합(일교조)'과 더불어 일본노동연합총평의회(총평)의 가장 중요한 노조였다. 또한 사회당 좌파와의 연결고리가 강했고 평화 운동 등 정치 투쟁에 가장 적극적으로 참가해왔던 노조이기도 했다. 요컨대 보수 정권과 대척하여 결과적으로 외부로부터 옥죄이는 역할을 담당해왔던 혁신 세력의 토대를 구성한다고 말할 수 있는 존재였다.

그러나 국철의 분할·민영화에 대한 반대를 관철시키는 가운데 국철노동조합의 조합원수는 격감하였고 그 영향력은 오간데 없어지고 말았다. 이에 따라 일본노동연합총평의회가 무력해지는 가운데 1989년 일본노동총동맹(동맹) 등을 모체로 한 일본노동조합총연합회日本労働組合総連合会로 합류해버리게 되었다. 형식상으로는 노동 전선의 통일이 이루어진 듯 했지만 기실은 정부·경영 측 주도로 이른바 노사 협조 노선이 관철된 것이다. 일본노동연합총평의회의 소실에 의해 사회당 지지 기반은 크게 흔들렸다.

나카소네 정권에 의한 국철이나 전전공사電電公社(현 NTT)의 민영화가 노동조합의 약체화 그 자체를 노린 것이었다고는 말할 수 없다. 하지만 이것이 하나의 계기가 되어 혁신 세력의 행동부대를 이루던 일본관공청노동조합협의회(국가공무원, 지방공무원, 공공기업체교원 등의 노동조합에 의해 1949년 결성된 연락 협의회. 현재는 관공청에 의한 노동조합의 총칭으로 사용됨—역자 주)의 힘은 크게 약화되었다. 이에 따라 사회당 조직을 지탱하는 기본적인 힘이 순식간에 약화되며 혁신 세력이 밑바닥에서부터 붕괴될 준비가 갖춰진 것이다.

또한 '위로부터의' 노사 협조가 관철되었다는 말은 사용자 입장에서 노동자 측과의 협조를 강요해온 대결 형 노동조합이 사라졌다는 말이 된다. 실은 이것은 사용자 측이 노동자 측에게 배려하고 양보할 이유가 없어졌다는, 요컨대 사용자 측이 명백한 우위에 섰다는 말이기도 했다. 이로써 장래 또 다른 신우파 전환의 진전이 예약되었다고도 말할 수 있었다.

수세에 몰린 혁신 세력

요코하마 시장에서 중앙집행위원장으로 변신한 아스카다 이치오의 활약에도 불구하고 사회당의 당세 회복은 생각처럼 진전되지 않았다. 1983년 중의원 선거에서 패배하자 이시바시 마사시石橋政嗣가 후계자가 되었다. 이시바시는 일본사회당·공명당·민사당이 공동 투쟁을 벌이는 사공민 노선을 추진했다. 자위대에 대해서도 '위헌 합법론'을 전개하는 등 정책 담당 능력을 드러내고자 했으며 자유롭고 활달하게 개방된 '뉴 사회당'으로 탈피와 재생의 길을 걷고자 했다. 좌우 대립으로 당 개혁은 곤란에 직면했지만 1986년 1월에는 『일본사회당의 새로운 선언日本社会党の新宣言』을 채택했다. 사회민주주의 정권 수립을 위한 평화 혁명을 표방하고 있었던 『일본에서의 사회주의로의 길』은 마침내 역사의 뒤안길로 사라졌다.

『일본사회당의 새로운 선언』으로 '일본사회당은 오늘날의 과제가 가진 성격에서도 사회당이 의거하고 있는 기반에서도 노동 국민 모두를 대표하고 모든 사람들에게 열린 국민의 정당이다'라는 자기규정이 이루어진다. 늦게나마 '계급 정당'에서 '국민 정당'으로의 탈피를 선언했던 것이다. 노동조합과의 관계에 대해서도 '일본사회당은 노동조합과의 상호 자립성을 유지하며 지지 세력 관계를 발전시킬 것이다. 일본사회당은 노동조합의 주장에 대한 대변자에 그쳐서는 안 된다'고 일선을 그었다.

또한 풍요로운 사회가 도래할 것을 전제로 '오늘날에는 정치의식과 가치관이 다양화되는 가운데 연립정권은 일반적인 일이다'라며 복수정당제와 의회제 민주주의 안에서의 현실적인 정권 탈취를 위한 길을 제시하고자 했다. 경제면에서도 '일본사회당은 국유화만이 곧 사회주의라고는 생각하지 않는다. 하지만 오늘날 기업이 스스로의 이익만을 중시하고 사회 전체에 폐해를 초래하는 것은 허락되지 않는다. 사회당은 국민의 합의를 바탕으로 기업의 사회적 책임을 명확히 하고 국제 협조와 국민 생활의 질을 보장할 수 있는 시스템을 만들 것이다'라며 서구적 사회민주주의로의 전환을 명시했다.

그러나 전전공사나 국철 등의 민영화가 진행되고 있는 가운데 1986년 7월 나카소네는 중의원과 참의원 선거를 같은 날 치를 수 있도록 기획한다. 이 선거에서 자민당이 300석을 넘는 역사적인 압승을 거두었던 것에 비해 사회당은 겨우 85석밖에는 확보하지 못했다. 이시바시는 참패에 대한 책임을 지고 위원장을 사임했다.

신자유주의화하는 도시 중간층

1980년대부터 '세계의 냉전 구조'와 '일본 국내의 보혁 대립 노선' 모두가 크게 동요되기 시작한 가운데, 구우파 연합과 혁신 세력 그 어느 지지 기반에도 강력히 편입되지 못한 계층이 있었다. 바로 그 도시 중간층을 둘러싼 투쟁에서 신우파 전환을 추진한 나카소네 자민당에게 이시바시 사회당이 쓰디 쓴 패배의 잔을 마셨던 것이었다.

언제나 한발 느린 대응으로 일관해버린 혁신 세력. 그와는 대조적으로 나카소네 정권은 한쪽 발로 구우파 연합을 확실히 밟고 있으면서도 나머지 한쪽 발을 가지고 신우파 연합의 길로 큰 보폭을 성큼 내밀고 있었다. 이러한 전환기에 해당하는 나카소네 정권 아래서의 1986년 중의원·참의원 동일同日 선거에서 자민당은 그 야말로 '일본형 다원주의 정당으로 완성의 영역에 도달해가고 있다.'(나카키타 『자민당 정치의 변용』 p.133, 제럴드 커티스Gerald L. Curtis 『'일본형 정치'의 본질–자민당 지배의 민주주의 「日本型政治」の本質-自民党支配の民主主義』 p.216–257)

하지만 그것은 농촌 지역에서 그 옛날 방식의 이익 유도 정치로 견고한 조직표를 모으면서, 동시에 도시부에서 나카소네의 신자유주의 개혁 스타일과 정책으로 '말랑말랑한 지지' 즉 부동표를 획득했다는 사실을 말해주고 있었다. 이런 조합이 근본적인 모순을 내포하고 있는 이상, 새로운 보수 연합의 형태로 안정적인 틀을 초래한다는 것이 불가능하다는 것 또한 사실이었다.

도시부 신 중간층(샐러리맨 등)은 자신들이 그 은혜를 입을 수 없는 '기득권익'이나 유착, 부패에 더더욱 적극적으로 나설 것을 요구했고, 구우파 연합의 정치적 후견주의와 정면으로 대립했다. 때문에 자민당이 지속적인 '국민정당'의 모습을 새롭게 확립하는 것은 필연적으로 지극히 곤란한 일이었다. 물질적 이익 유도에 의거하지 않고도 국민 통합을 이룰 수 있는 방법을 찾아내야 했다.

또한 신 중간층은 종래의 자민당 지지 기반과 이질적이었다. 조직 동원이 극히 곤란한 '말랑말랑한' 지지층에 불과했기 때문에 언제 어느 때 자민당에게 등을 돌릴지 모를 양날의 검이었다. 실제로 매상세 법안에서 나카소네 정권은 샐러리맨들의 지지를 크게 잃었고, 전전공사의 민영화 뒤편에서 그와 연동하는 형태로 리크루트 사건이 전개되었다는 사실이 드러나자 자민당 그 자체도 위기 상황에 직면하게 되었다.

구우파 연합으로의 회귀

이렇게 해서 일본에서의 신우파 전환의 첫 번째 파도는 나카소네에 의해 발생되었으나 부분적인 회귀의 물결이 그 퇴임 직후 곧바로 발생했다. 여전히 구우파 연합이 보수 지배의 중핵을 이루고 있었다. 당세가 회복되자 정책이며 정치 수법이며 총체적으로 구우파 연합의 주도로 되돌아가는 모습이 보였다.

나카소네가 후계자로 지명한 다케시타 노보루竹下登(제74대 내각총리대신. 자민당의 최대 파벌인 게이세이카이経世会, 통칭 다케시타파竹下派의 창설자로 일본 정부와 여당에 막강한 영향력을 발휘함-역자 주)는 최대 파벌을 이끌면서도 당의 결속을 중시한 총주류파 체제를 기본으로 삼았다. 야당과의 두터운 파이프를 활용한 국대정치를 구사했으며 소득세 등의 감세를 대가로 소비세 도입을 마침내 이루어냈다. 대형 간접세 도입을 시도하다 실패로 끝난 오히라와 나카소네 양쪽 정권에서 대장성 大蔵省(일본의 과거 중앙 행정기관으로 2001년의 중앙 성청 개편으로 사라지며 재무성으로 권한이 넘어감-역자 주) 대신을 역임한 경험이 있는 다케시타였기 때문에 가능했던 일이다. 그러나 '작은 정부'를 추구하는 신자유주의 개혁을 이어받았다고는 말할 수 없었다.

태평양 전쟁 이전 도쿄시 의원을 짧은 기간 역임했던 적이 있는 하토야마 이치로를 제외하고, 지방의원 출신으로는 처음으로 수상이 된 다케시타는 중앙 정계에 진출한 후 일관되게 자민당에 소속했었다. 그런 점에서 평생 동안 자민당 이외에는 소속된 적이 없었던 첫 번째 총리이기도 했으니 그야말로 구우파 연합의 적자라고 해도 좋을 만한 정치가였다.

마찬가지로 지방의원 출신이었던 가지야마 세이로쿠梶山静六 자치대신이 중심이 되어 지역진흥을 목적으로 각 시정촌市町村에 1억 엔씩 교부한 고향창생사업은 버블 경기를 배경으로 쓸모없는 공공사업을 전국적으로 전개했다며 많은 비판을 받았다. 한편 돈의 용도를 중앙 정부가 결정하는 것이 아니라 각 지자체가 자유롭게 선택할 수 있다는 점에서 신자유주의 시대의 구우파 연합다운 정책이었다고 말할 수 있다.

2 자유화·다양화하는 일본 정치

일당 우위제 종말의 시작

반석 위에 놓인 것처럼 보였던 다케시타 정권은 리크루트 사건의 급격한 확대로 인해 각료들이 차례로 사임해야 하는 상황에 놓이자 눈 깜짝할 사이에 궁지에 몰려버렸다. 나카소네가 신우파 전환을 시작하고 있던 실로 바로 그 순간, 그 무대 이면을 계속 장악하고 있던 구우파 연합의 정치 속으로 파고들기 위해 정보 산업의 기수였던 리쿠루트사 창업자 에조에 히로마사江副浩正가 온갖 사람들에게 진수성찬을 대접했던 것이다. 그 결과 나카소네 정권의 중추를 점하고 있던 자민당 주요 정치가 중 거의 전원이 미공개 주식을 양도받았던 것이 발각되었고, 나아가 이것이 최고위 관료나 야당 간부들, 나카소네 브레인 학자들에게까지 퍼져 일대 스캔들로 비화되었다.

이 사건으로 이제 막 민영화된 NTT의 신토 히사시真藤恒 회장이나 대표이사들이 체포(나중에 유죄 확정)된 일 역시 나카소네 행정 개혁의 하나의 중요한 측면을 상징적으로 드러내고 있었다. 그것은 민영화 실현을 위한 권력 투쟁에서 이겨내기 위해서는 정계에 대한 공작이 불가결하다는 사실이었다. 신토 히사시에게는 검은 정치 자금이 필요했던 것이다. '정치 개입의 배제를 위한 정치 개입이라는 패러독스'(오타케 『자유주의적 개혁의 시대』)가 현실의 신자유주의 개혁에는 동반되었던 것이었다.

신자유주의에 전형적인 논리에서는 이러한 시장화 과정에서의 정치가·관료·실업가의 유착은 일시적인 현상에 불과한 것으로 치부된다. 하지만 핵심은 '개혁이 실패했던 것은 개혁이 부족했기 때문'이라는 논법이 사용되며 더더욱 신자유주의 개혁을 불러들이는 것이다.

이렇게 해서 구우파 연합의 틀 안에서 나카소네가 시작한 신우파 전환이 씨앗을 뿌린 것처럼, 이후 정치 개혁, 지방 분권 개혁, 행정 개혁, 규제 개혁, 6대 개혁, 구조 개혁, 우정 민영화 개혁 등 하염없이 계속되는 '영구 개혁의 시대'를 열어갔다. 다케시타는 당내에 정치개혁위원회를 설치, 소선거구 비례대표 병립제 도입을 향한 토론의 불을 붙였지만, 내각 지지율이 사상 최저인 한 자릿수로 떨어질 정도가 되자 곧바로 내각총사직에 돌입했다.

그러나 자민당의 위기는 이것으로 끝나지 않았다. 뒤를 이었던 우노 소스케宇野宗佑 수상에게 여성 스캔들이 발각된 가운데, 리쿠르트 사건, 소비세, 쌀 수입 자유화 우려 등 도합 사중고를 짊어지고 1989년 참의원 선거를 맞이하게 된다. 바로 이 참의원 선거에서 자민당은 역사적인 대패를 맛보게 되며, 1955년 보수합동 이후 처음으로 참의원에서 과반수를 잃은 '뒤틀림 국회'를 맞이하게 된 것이다. 1986년 중의원 참의원 동일同日 선거에서의 역사적 압승으로부터 겨우 3년 만에 맛본 참패였다. 이 참패는, 도저히 붙잡을 수 없는 '말랑말랑한 지지'를 따라다니며 숨 가쁘게 정당 정치가 급변하는 유동기에 돌입하였고, 구우파 연합의 기둥이 된 일당 우위제도 그 종말이 시작되고 있다는 사실을 나타내고 있었다.

격동의 1989년

하필 그때였다. 1989년으로 말하자면 1월 쇼와천황昭和天皇이 서거하여 연호가 헤이세이平成로 바뀐 해였다. 그야말로 커다란 시대적 변동이 느껴지며 새 시대의 막이 열렸다. 그 뒤 한술 더 떠서 6월 4일에는 천안문 사건이 발생한다. 이후 경제적 자유화는 지속되어도 정치적으로는 권위주의적 지배가 강화된 중국판 신우파 연합이 전개되게 되었다. 나아가 11월 베를린을 동서로 분단하고 있던 벽이 붕괴되면서 냉전의 종언이 가속도를 내며 엄청난 진척을 보이게 되었다.

7월 참의원 선거에서의 자민당의 역사적 대패는 이런 와중에 일어났다. 개선 의석改選議席을 거의 절반쯤 놓치고 결당 이후 처음으로 개선 제1당의 자리를 잃었으며 비개선 의석까지 합쳐도 과반수를 크게 밑돌았다. 실은 이때 이후 오늘날에 이르기까지 4반세기 이상, 자민당은 단독 과반수를 확보하지 못한 상태다.

특히 26곳의 1인구(사실상의 소선거구제—역자 주)에서 3승 23패로 사회당(및 연합)에게 참패를 당했던 것은 자민당 정권의 농촌 정책에 대한 불신이 농촌 지역에서 분출된 것이 하나의 원인이 되었다고 할 수 있다. 나카소네 이후 우루과이 라운드 교섭이나 미일 경제 마찰에 대한 대처는 계속되고 있었고, 기껏해야 2개월 정도의 우노 총리 재임 기간 중에도 이후에도 커다란 영향을 초래한 미일구조협의의 개시가 합의되고 있었다.

나카소네가 농촌 지역에 대한 이익 유도와 도시 지역에 대한 개혁 스타일 어필이라는, 신구 우파 모두를 겨냥한 기술로 1986년 압승했던 것에 반해, 나카소네 측근인 우노는 어찌어찌하다 그 3년 후 수상이 되었지만, 이번에는 리쿠르트 사건 때문에 도시부의 표를 잃게 되었고 농산물 수입 자유화에 대한 우려 때문에 농촌 지역에서 외면당하게 된 것이다. 즉 이번에는 이른바 신구 우파 정치의 틈새에 끼여 나락으로 떨어져버렸던 것이다. 전환기의 불안정함을 여실히 드러냈다고 말할 수 있을 것이다.

우노의 여성 스캔들만 해도 정치의 자유화가 진행되고 있는 것과 결코 무관하지 않았다. 종래에 일본의 주요 미디어는 이런 종류의 섹스 스캔들을 다루지 않기로 되어 있었다. 실제로 당초에는 침묵할 방침이었는데, 주간지 기사를 해외 미디어가 먼저 보도했다는 사실 때문에 우노는 국회에서도 추궁을 받게 되었고 결국 주요 국내 미디어들도 뒤따라 보도하게 되었다(고토 겐지後藤謙次『다큐멘터리 헤이세이 정치사1 붕괴하는 55년 체제ドキュメント 平成政治史1 崩壊する55年体制』 p.39-41). 애당초 리쿠르트 사건 탓에 파벌 영수급에서 적임자를 찾을 수 없어서 다케시타파 지배의 허수아비로 전후 최경량 수상을 추대했던 것이 사건의 발단이라고 할 수 있었다.

우노는 다케시타가 설치한 정치개혁위원회를 개조한 정치개혁추진본부를 후임인 가이후 도시키海部俊樹에게 선물로 남기고 황급히 사임, 일본은 헤이세이 원년이 된 1989년, 결국 세 번째 총리 대신을 맞이하게 되었다. 47세의 젊은 나이로 간사장에 발탁된 오자와 이치로가 위력을 떨쳤던 가이후 정권이 탄생하게 된 것이다. 그러나 그 실태 역시 다케시타파 지배였다. 하긴 그 다케시타파 역시 내부에서 균열이 생기기 시작하고 있었다.

'산이 움직였다'

한편 1986년과 1989년 사이에 마치 주객이 전도된 것처럼 자민당과 대조적인 형세 역변을 경험하고 있던 것이 사회당이었다. 늦게나마 사회민주주의 노선으로 전환을 추진한 이시바시가 불운하게도 당 개혁의 성과를 미처 확인하지도 못한 채 중의원·참의원 동일 선거에서 참패하고 이에 따라 위원장을 사임하자, 사회당은 대혼란에 빠졌다. 에이스로서 등판한 이시바시의 어이없는 사임으로 결당 이래의 위기 상황에서 벗어나기 위한 준비나 경험을 가진 인재가 종래의 파벌 역학의 관점에서는 동이 났던 것이다. 이 시점에서 반쯤은 우발적으로 일본의 주요 정당에서 처음으로 여성 당수가 된 사람이 도이 다카코였다.

당내 기반이 약했기 때문에 그저 얼굴마담처럼 취급될 가능성도 있었던 도이였다. 그런 도이를 지지했던 것은 발군의 어필 능력에 기인한 국민적 인기였다. 많은 이들에게 산뜻하고 솔직한 인상을 주었던 것은 '할 수밖에 없다', '안 되는 것은 안 되는 것!' 등 간결하고 꾸밈 없는 도이의 말투였다. 자민당 실점이 확실시되던 선거였기는 하지만 불과 3년 전 대패했던 사회당이 1989년 참의원 선거에서 한방에 개선 의석 제1당으로 등극한다. 대승으로 이끌었던 것은 분명 도이 다카코의 개인적 인기가 크게 공헌했기 때문이었다.

'마돈나 선풍'이라고도 불렸던 것처럼 여성 후보를 다수 옹립시켜 당선시키거나 노동조합과의 관계가 약한 것을 역으로 활용하여 시민운동과의 연계를 강화했던 것이 주효했다. 이 선거 결과에 대해 '산이 움직였다'는 절묘한 코멘트를 하자, 더더욱 그 인기는 높아갔다.

그러나 현실에서 '산'을 움직이고 있었던 것은 신우파 전환과 함께 신자유주의화하는 변덕스러운 무당파 층이었다. 그런 의미에서 맨 처음 '산이 움직였던' 것은 1986년이었고 도이는 그 산을 크게 회귀시켰다고 말하는 편이 정확했다. 또한 산이 움직이게 된 이상, 그 다음 언제 또다시 사회당을 짓밟는 방향으로 산이 움직일지 모를 노릇이었다. 결코 움직이지 않을 거라고 보장할 수도 없는 혹독한 현실이 존재했다.

산을 움직였던 것이, 사회당 에이스이지만 국민적 어필 능력이 부족했던 이시바시가 아니라, 나카소네처럼 빈약한 당내 기반을 대통령적인 수법과 개인적 인기로 보충했던 도이였다는 사실은, 참으로 상징적이었다고 말할 수 있었다.

복수정당제 속에서 정권 교체 가능한 정당을 만들어야 한다는 난제

산이 움직이게 된 새로운 시대, 요컨대 정치가 자유화·다양화하는 가운데 야당인 사회당이 주도권을 계속 장악하는 것은 지극히 곤란한 일이었다. 1990년 중의원 선거에서는 청결한 이미지로 언변이 좋았던 가이후를 당의 얼굴로 내세운 자민당이 다시금 컨

디션을 회복하였고 야당에서는 도이 사회당이 나홀로 승승장구하며 중의원에서도 의석을 크게 되찾았다. 그러나 복수정당제 아래서 자민당과 사회당의 양대 정당제 경향이 보였다는 사실에 대해 공명당·민사당 등 중도 정당들이 경계하기 시작했고 자민당·공명당·민사당 노선으로 향해가는 경향을 강화시켜가게 되었다. 이렇게 해서 사회당을 중심으로 한 야당 공동 투쟁에 의한 정권 교체의 싹은 순식간에 뽑혀 버린다.

또 하나의 한계는 미완의 당 개혁과 도이 자신의 자질에 있었다. 사회당 내의 노선 투쟁은 틈틈이 엿보이는 좌우 대립에 국한되지 않고 도이가 끌고 들어온 여성들이나 시민사회로부터의 새로운 바람에 대한 노동조합 등의 반발도 있었다. 당내가 분열되는 가운데 '연합 정권'을 향한 청사진을 적극적으로 그려가는 것은 불가능에 가까웠다. 게다가 도이 본인이 소비세나 헌법 9조로부터의 일탈에 대해 '안 되는 것은 안 되는 것!'이라고 딱 잘라 말하는 개성의 소유자였다. 이러한 주장이 기실은 전통적인 혁신 세력의 주장에 그 뿌리를 두고 있었다고 해도 중도를 아우르는 야당 연합 형성을 곤란하게 했다는 사실은 부정할 수 없었다.

요컨대 개인적인 경력이 사회당 위원장에 전형적인 당 인사이더의 그것과는 상당히 달랐다고는 해도 도이 역시 55년 체제의 산물이었으며, 뭐든지 까놓고 솔직히 말하는 명쾌한 말투는 반대 세력opposition으로서 자민당 정권에 '따끔한 맛을 보게 하는' 역할은 해낼 수 있어도 대체 가능한 정당alternative을 준비할 수 있을 정도로 주도권을 장악할 준비는 되어 있지 않았다고 할 수 있었다.

결과적으로 노동조합과 시민단체라는 과거와 현재의 지지 기반을 효율적으로 아우를 수 없었다. 야당 진영도 분열되어 1991년 통일 지방 선거와 도쿄도지사 선거의 참패에 책임을 지고 도이는 사임하게 된다.

냉전 종식과 국제협조주의의 변화

자민당과 사회당 양당을 비롯한 일본의 정치 시스템 전체를 뒤흔들고 있었던 것은 신 중간층을 중심으로 한 변덕스러운 유권자들뿐만 아니라 일본을 둘러싼 국제 환경의 변화도 있었다. 미소 양대 구조가 무너져 내리는 가운데 여전히 '신세계 질서'는 명확해지지 않았고 정치 경제 등 다방면에 걸친 국제 연계의 새로운 모습이 모색되고 있었다.

가이후 정권하에서 미일경제마찰의 악화를 배경으로 미일구조협의가 본격화되었다. 대규모소매점포법의 규제 완화가 추진되었지만 더욱 커다란 충격을 준 것은 1990년 8월 발발한 걸프 위기였다. 미국을 중심으로 다국적군이 결성되어 전쟁이 시작되는 가운데 일본의 '국제 공헌'의 바람직한 모습이 커다란 논쟁거리가 되었던 것이다.

때는 아직 버블 경기의 절정기였다. 대소 냉전에서 승리하는 와중에 있었다고는 해도 군비 확장 경쟁으로 피폐해져 있던 미국으로부터, 자유 경제 질서 안에서 이만큼이나 돈을 벌었고 중동의 석유에도 의존하고 있는 일본은 '돈만이 아니라 사람'도 내놓으라고 혹독하게 추궁당했다. 동시에 정계·관계·재계의 엘리트 사이에서는 총액 130억 달러에 이르는 거액의 자금을 헌상했음에도 불구하고 군사적인 참여가 불가능했다는 이유로 주요국 간의 의

사 결정이나 전쟁 종결 후의 이익 분배에서 항상 소외되어왔다는 것이 굴욕적인 '걸프전 트라우마'로 이후 거듭 회자되었다.

가이후 내각에서는 유엔 평화협력법안을 국회에 제출했지만 야당뿐 아니라 집권 여당 내에서도 서로 다른 이견이 계속 생겨나 폐안. 최종적으로는 PKO 협력법으로 형태를 바꾸어 1992년 미야자와 기이치宮澤喜一(제78대 내각총리대신–역자 주) 내각에서 성립되었다. 일련의 토론과 입법 과정의 분규는, 한편으로는 수상이나 행정부에 권력을 집중시켰던 신자유주의적 통치 시스템을 실현시켜야 한다는 정치 개혁 주장과 링크되었고, 다른 한편에서는 지연 전술을 이용하면서까지 반대를 관철시켰지만 자위대 해외 파견에 의거하지 않는 국제 협력의 바람직한 모습에 대해 명확한 대안을 제시하는 것에 실패한 혁신 세력으로부터 유권자가 이탈하는 사태를 초래하게 되었다.

이렇게 국제협조주의가 일본에서 널리 수용되어가는 동시에, 원래는 오히라처럼 문화나 경제적인 다국 간 협조를 중시했던 것이, 오자와 등의 정치인들에 의해 자유 경제 질서 유지를 위해 일본은 경제뿐 아니라 군사적인 면에서도 응분의 책임을 지어야 한다는 논점으로 바뀌어갔다. 그것은 신우파 전환을 가속화했고 혁신 세력을 더더욱 곤경에 빠뜨렸다.

신우파 전환의 기수로서의 오자와 이치로

냉전 종결기의 일본에서는 가이후, 미야자와, 그리고 1993년 자민당의 분열과 하야下野를 거쳐 호소카와 모리히로細川護熙(일본의 제79대 내각총리대신. 명문가의 후손으로 외할아버지는 제34·38·39대 내각총리대신을 역임한 고노에 후미마로近衞文麿-역자 주), 하타 쓰토무羽田孜(제80대 내각총리대신-역자 주) 등 총리대신이 바뀌어가는데, 이런 와중에 일관되게 정치의 중심에 있으면서 종종 무대 뒤에서 수상을 능가하는 실권을 쥐고 있었던 사람이 오자와였다. 보수 본류의 계보를 따르는 다케시타파 안에서 나카소네의 뒤를 잇는 신우파 전환의 기수가 등장했다는 사실로 인해 구우파 연합은 사실상 내부 분열을 일으키며 약체화되어간다. 나카소네가 구우파 연합에 에워싸인 가운데 신우파 전환을 시작했던 것에 비해 오자와는 자신 스스로가 태어나 자란 구우파 연합을 무너뜨리면서 신우파 전환을 더더욱 추진한, 더한층 모순이 깊은 '옛날 정치 체질을 가진 개혁파 리더'였다.

'오자와 대 반오자와小沢対反小沢'라는 말이 있을 정도로 1990년대 전반의 정치 개혁과 정계 재편은 오자와 개인의 정치 수법과 신우파 비전에 대한 호의나 혐오를 초점으로 전개되어갔다. 미야자와 내각에서도 다케시타파 지배라는 이중 권력 구조가 이어지고 있었는데 그런 다케시타파 안의 권력 투쟁이 자민당의 분열, 그리고 하야로 이어져 갔던 것이다. 그러나 오자와를 축으로 한 정치가 급변하면서 자민당 이상으로 타격을 받았던 것은 사회당이었다. 나카소네에 의해 최대 지지 기반인 노동조합에 타격을 받았던 사회당이 이번에는 오자와에 의해 좌지우지 당하며 조락해가게 되었다.

그런 과정은 자민당·공명당·민사당 노선이 결국 그 결실을 맺었던 것을 오자와·신우파 연합이 거두어갔다고도 말할 수 있을 지경이었다. 가이후 정권에서의 자민당 간사장으로서 오자와가 유엔 평화협력법안 폐안 시에 자민당·공명당·민사당에 의한 '국제평화협력에 관한 합의'를 이루어냈다. 나아가 완패로 끝난 도지사 선거에서 자민당·공명당·민사당 노선을 우선한 후보자 옹립을 행했던 것이 훗날 호소카와 연립내각이나 신진당新進党(1994년부터 1997년까지 활동한 정당. 55년 체제 성립 이후 자민당 이외에 처음으로 일본사회당보다 다수의 국회의원을 거느렸던 정당-역자 주) 결성으로 이어져 갔던 것이다. 이렇게 사회당은 갈 곳을 잃고 우왕좌왕해버리고 만다.

『일본개조계획』

한편 오자와의 신우파 전환 비전을 정리한 것이 『일본개조계획日本改造計劃』이다. 일본을 '보통 국가'로 개조하겠다는 그 발상은 그야말로 걸프전 당시의 '국제공헌론'을 시작으로 군사 측면으로 바뀌기 시작한 국제협조주의의 하나의 도달점이라고 말할 수 있다. 그것은 정치 경제의 신자유주의화를 강하게 주창한 것이었다. 실제 집필에는 기타오카 신이치北岡伸一(도쿄대학 교수, 역사학자-역자 주), 다케나카 헤이조竹中平蔵(게이오대학 교수, 경제학자-역자 주), 이오 준(정책연구대학원대학 교수, 정치학자-역자 주) 등 당시 소장파 학자로 주가를 올리던 학자들이 담당했고 오자와 개인의 영고성쇠榮枯盛衰를 뛰어넘어 고이즈미나 아베에 이를 때까지 이후의 신우파 전환 프로세스를 결정적으로 규정해갔다(미쿠리야 다카시御厨貴·세리카와 요이치芹川洋一─『일본 정치-격하게 공감하는 문답日本政治·ひざ打ち問答』 p.72-73).

사회에 대한 동조 압력이 강하고 개인의 자유나 책임이 존중받지 못하는 '동질 사회'의 '지나친 컨센서스consensus'를 바라는 '아무것도 결정하지 못하는 정치'를 '일본형 민주주의'라고 파악하는 오자와의 비판은 다음과 같은 시대의식에 의거하고 있었다(오자와 이치로 「일본개조계획」 p.16-44, p.4).

그러나 바야흐로 시대는 변했다. 일본형 민주주의로는 국내외의 변화에 대응할 수 없게 되었다. 이제 와서 쇄국은 불가능한 이상, 정치나 경제, 사회의 존재 양식이나 국민들의 의식을 변혁시키고 세계에 통용되는 것으로 바꾸어가지 않으면 안 된다.

그 이유의 첫 번째는 냉전 구조의 시대처럼 자국의 경제 발전에만 부심하고 있을 수는 없게 되었기 때문이다. 정치는 경제 발전이 초래한 부의 분배만을 생각하면 되는 시대가 아니다. 세계 전체의 경제나 평화를 시야에 넣으면서 격변하는 사태에 기민하게 대응하지 않으면 안 된다. 세계 경제의 초강대국이 되어버린 우리 일본의 책임은 일본인들이 생각하고 있는 것 이상으로 크다.

두 번째, 일본 사회 자체가 이미 국제 사회가 되고 있다. 수많은 일본인들이 국제 사회로 진출하고 있으며 수많은 외국인들이 일본 사회로 진입해오고 있다. 바야흐로 일본 사회는 일본형 민주주의의 전제인 동질 사회가 아닌 것이 되어가고 있다.

무엇을 가지고 '보통 국가'라고 간주할지, 애당초 그러한 것이 존재하는 건지, 의문은 끝이 없다. 그러나 모델로 삼고 있는 것이 영국이나 미국식의 '자유 경제와 강한 국가'란 것은 명백했다. 오자와는 강한 정치 리더십을 세우기 위해 소선거구제 도입이나 수상관저 기능의 강화·관청에서의 정치가 주도 등을 주축으로 한 정치 개혁 및 행정 개혁을 제창했다.

경제면에서도 '일본은 멋진 나라다', '자신들의 나라를 일본처럼 하고 싶다'고 세계의 선망의 표적이 되지 않으면 일본은 국제 사회에서 리더십을 발휘할 수 없다고 주장하며(오자와 『일본개조계획』 p.180-185),

> 국민을 보호하고 있는 행정 제도나 여러 규제만 해도 과연 얼마만큼이나 국민들을 위한 일이라 할 수 있을까. 과거야 어쨌든 오늘날의 사회에서는 매우 의구심이 든다고 말하지 않을 수 없다.
>
> 한편 해외에서 보면 종신고용제나 연공임금제는 사람들을 기업에 얽매이게 하는 도구에 불과하다고 비춰져 버린다. 협조적이고 장기적인 관계를 중시하는 경제나 사회 구조는 제3자인 해외 기업이나 개인들에게는 파고들기 어려운 폐쇄적인 사회에 불과하다. 과거에는 멋지다고 생각되었던 시스템이 시대의 변화와 함께 그 결함만이 눈에 띄게 되고 있다.

라고 논한 뒤 국민들을 나라의 규제라고 하는 '보육기'에서 해방시키고 '기업도 개인도 자기 책임으로' 판단이나 선택을 해갈 것을 요구했던 것이다(오자와 『일본개조계획』 p.187, p.243-250).

유엔을 중심으로 한 '적극적·능동적 평화주의'의 제창
외교 안보 분야에 있어서는 '미국과의 공동보조야말로 일본이 세계 평화에 공헌하기 위한 가장 합리적이며 효율적인 방책이다'라고 주장하며, 종래의 '전수 방위 전략'에서 '평화 창출 전략'으로 전환할 것을 제창했다. 당시 미국 다음으로 세계 제2위의 경제 대국이었던 일본의 역할은 '유엔을 중심으로 한 미국의 평화 유지 활동에 적극적으로 협력할 것'이라는 생각에 바탕을 두며 '유엔 대기군'의 창설을 주장했다(오자와 『일본개조계획』 p.112~137).

실은 도지사 선거의 패배에 대한 책임을 지고 간사장을 사임했던 오자와는 자민당 '국제 사회에 있어서의 일본의 역할에 관한 특별조사회(오자와 조사회)'의 회장에 취임, 집권 여당 내의 국제 공헌 양식을 둘러싼 논의를 이끌고 있었다. 여기서의 논의에서 '우리들은 평화를 유지하고 전제와 예종, 억압과 편협을 지상에서 영원히 제거하고자 노력하고 있는 국제 사회에서 명예로운 지위를 점하고 싶다고 생각한다'는 헌법 전문은 '국제 사회와 협조하여 세계 평화 질서 유지와 세계 경제 번영을 위해 노력한다'는 '적극적·능동적 평화주의' 이념을 주창한 것이라고 파악할 수 있다는 의견들이 전개되었다.

따라서 현행 헌법에서도 '국제 협조 아래서 행해지는 국제 평화의 유지·회복을 위한 실력 행사는 반드시 부정해야 할 것이라고는 생각할 수 없다'고 논하며, 헌법 9조에 대해 새로운 해석을 시도했다. 오자와 조사회의 주장은 이렇게 헌법 9조를 새롭게 해석하면, 유엔이 국제 사회의 평화 질서 유지를 위해 실력 행사까지 포함한 조치를 담보하는 집단적 안전보장의 틀 안에서, 유엔군에 대한 일본(자위대든 다른 조직이든)의 참가가 가능해지는 게 아니냐는 것이었다('안전보장문제에 관한 답신안 〈요지〉').

내용 자체는 오늘날의 집단적 자위권을 둘러싼 논쟁과 다르다. 어디까지나 유엔을 중심으로 한 집단 안전보장에 대해서다. 그러나 기존의 '소극적 평화주의' 내지는 '일국 평화주의'를 독선적이라고 규탄하며, 민주적으로 뽑힌 정치가 주도로 헌법 해석을 변경하여 '적극적 평화주의'로 바꾸는 것이야말로 일본국 헌법의 전문이 내걸고 있는 국제협조주의라는 논리, 이러한 논리를 최초로 제시했던 사람이 바로 오자와였다.

한편 이때 오자와의 『일본개조계획』 원고를 직접 집필한 몇 명의 저자로 기타오카 신이치가 있다. 외교 안보 부분을 담당하며 오자와의 유엔 중심주의에 따른 논고를 제시했는데, 기타오카는 유엔이 만능이라 할 수 없기 때문에 집단 안전보장의 논의만으로는 불충분하며 집단적 자위권이나 미일안보조약도 좀 더 적극적으로 고려해야 한다는 취지의 코멘트를 담아내고 있었다는 것이 매우 흥미롭다(아사히신문朝日新聞 1992년 2월 21일 조간). 기타오카는 훗날 아베 신조의 브레인으로 집단적 자위권 행사를 용인하는 해석개헌을 주도하게 된다.

백화요란의 자유주의적 개혁논의

1980년대 종반에서 1990년대 전반에는 냉전이 종결되고 버블 경제, 정계·관계·재계의 유착 등 구우파 연합의 폐해에 대한 비판이 높아짐에 따라, 그야말로 '국제협조주의'를 공통 개념으로 한 내정·외교에 대한 다양한 자유주의적 '개혁' 논의가 전성기를 맞이했다. 일본의 바람직한 국제 공헌 방식이 외교 안보 분야에서 초점이 되었고 내정 면에서 그것을 뒷받침해주기 위해 어떠한 정치 개혁이나 행정 개혁이 필요한지, 활발한 토론과 격렬한 정쟁이 전개되었다.

그런 가운데 오자와는 틀림없이 '최우익'—가장 유력하고 가장 매파인 위치—을 점하고 있었다. 국제 협조·유엔 중심주의의 중핵에는 너무나도 분명히 국력이나 국권의 강화, 국위의 발양을 추구하는 어떤 종류의 국가주의(내셔널리즘)가 있었다. 유엔군에 대한 참가 구상 등은 결국 실현되지 못했지만 평화 유지 활동을 시작으로 자위대의 해외 파병이 추진되어가는 단초를 제공했다. 국내적으로는 수상에게 권력이 집중됨에 따라 정치 리더십 강화를 호소하고 그를 위한 소선거구제 도입을 추진했다.

실제로 오자와가 '보통 국가'론을 주장할 당시에는 보수 진영에서도 비둘기파가 수적으로는 눈에 띄는 상황이었다. 미야자와, 고토다, 고노 요헤이河野洋平의 경우도, 또는 호소카와나 다케무라 마사요시武村正義의 경우도, 헌법이 금하는 무력행사를 행하지 않는 범위에서 유엔 평화 유지 활동PKO에 대한 참가가 한도라고 생각하는 비둘기파였다. 군사력과 무관한 경제력이나 기술력 등을 통해, 예를 들면 환경문제 등에서 평화 국가로서의 일본다운 국제적인 역할을 다해야 한다는 주장이었다(미야자와 기이치宮澤喜─『신·호헌 선언—21세기의 일본과 세계新·護憲宣言—21世紀の日本と世界』 p.115—116, 호소카와 모리히로細川護熙『나이쇼로쿠—호소카와 모리히로 총리대신의 일기內訟錄—細川護熙総理大臣日記』 p.35, 다케무라 마사요시武村正義『작아도 반짝 빛나는 나라·일본小さくともキラリと光る国·日本』 p.183—187).

정치 개혁 논의만 해도 선거 제도 개혁이 먼저가 아니라 정치 자금 규정 강화가 더더욱 중요하다는 목소리도 적지 않게 들렸다.

또한 선거제도를 개혁하는 데 있어서도 온건한 다당제를 지향하는 입장에서 소선거구 비례대표 병용제나 중선거구 연기제連記制 등도 검토되었다. 하지만 결과적으로는 오자와가 유동적인 연립 정치에서의 의견조율을 주도하여, 당내에서조차 반대 의견이 적지 않았던 자민당 안으로 대폭 양보하는 형태로, 소선거구 비례대표 병립제가 1994년 여당과 야당에서 합의되어 정치 개혁에 관한 네 가지 법이 성립되었다(나카키타 고지中北浩爾 『현대 일본의 정당 데모크라시現代日本の政党デモクラシ-』 p.29-62).

이 무렵 사키가케의 다나카 슈세이田中秀征(일본의 정치가, 신당 사키가케의 이론적 지도자-역자 주)나 사민련에서 합류한 간 나오토菅直人(제94대 내각총리대신-역자 주) 등을 중심으로 '관치官治에서 민치民治로'라는 슬로건 아래 오자와류의 '정치가 주도', '수상 관저 주도'와는 이질적인 정치 주도 방식이 모색되고 있었다. 참가 데모크라시 계보를 이어 가며 입법부의 행정부 감시 기능 강화나 정보 공개, 시민운동이나 NPO 등 시민 사회 활성화를 개혁의 주축으로 삼는 논의도 행해졌지만 점차 신우파 어젠다 안에 흡수되고 말았다.

호소카와 연립내각과 신우파 전환

호소카와가 이끄는 일본신당과 다케무라 등이 소속된 신당 사키가케는 언젠가는 합류할 예정으로 당초 긴밀히 연대하고 있었다. 그러나 호소카와 내각의 관방장관이 된 다케무라와 신생당新生党 대표간사로 여당 대표자회의를 장악하게 된 오자와 사이에서 정책이나 수법을 둘러싼 대립이 점차 불가피해졌다. 마침내 반 오자와인 '사키가케·사회당' 대 오자와가 이끄는 '신생당·공명당·

민사당'이라는 구도로 발전하여 호소카와는 양쪽 사이에서 이도 저도 못하는 실로 난감한 처지에 빠지게 되었다.

그러나 '비자민·비공산' 세력을 정치 개혁 실현이라는 단 하나의 결집점으로 삼았을 뿐이었던 7당 연립내각(호소카와 모리히로細川護熙가 제79대 내각총리대신으로 임명되어 1993년 8월 9일부터 1994년 4월 28일까지 이어진, 비자민·비공산 연립내각. 55년부터 38년간 정권을 유지해온 자유민주당은 처음으로 야당이 됨-역자 주)이었다. 서로 제각각인 연립 정권 속에서 구우파 연합 시대에 배양되어온 정치 수완이나 신우파 전환의 비전 모두를 가지고 있는 오자와의 존재는 압도적이었다. 점차 호소카와는 중심축을 다케무라에서 오자와 쪽으로 옮기게 되었고, 느닷없는 국민복지세 구상 등에 의해 정권 내 균열은 회복 불가능한 레벨에 도달했다. 야당이 된 자민당의 집요한 공격에 무력해진 호소카와가 사임하지 않을 수 없는 상황에 몰리자 사키가케는 각외협력閣外協力(내각 책임제에서 내각의 성립에는 협력하지만 각료를 보내어 책임을 질 정도로 적극적인 협력은 하지 않는 것-역자 주)으로 태도를 바꾼다. 이후 후계자인 하타 쓰토무羽田孜 내각 지명 직후 오자와 등의 책동으로 사회당을 배제하는 형태로 훗날 신진당의 모체가 되는 원내회파를 통일시킨 일이 발생하자 사회당이 반발, 7당 연립의 틀은 완전히 붕괴되었던 것이다.

호소카와 연립 내각의 드러나지 않는 주역이자 최대의 실력자가 오자와였다는 사실은 의심할 여지가 없다. 호소카와 역시 이 시기의 신우파 전환에 참신한 이미지를 부여한 중요한 연출자였다. 정치 개혁뿐만 아니라 규제 완화나 지방 분권 개혁을 본격적으로 논의의 전면에 부각시키며 이후 정권에 가교 역할을 한 것은 무시할 수 없다. 또한 우루과이 라운드의 일환으로서 쌀 수입 부분 개방을 단행한 것도 호소카와의 신자유주의 어젠다에 대한 공헌으로 중요했다.

3 국가주의——신우파 연합을 지지하는 또 하나의 기둥

한정적인 회귀로서의 자민당·사회당·신당 사키가케 연립내각

우여곡절이 있었다고는 해도 불과 10개월 정도 전까지만 해도 그 나름대로 지속되었던 55년 체제의 보수 대 혁신. 그러한 대립구조로부터 전혀 상상할 수 없었던 정권이 예산 관리를 주 임무로 했던 소수 여당 하타 쓰토무 내각 이후 성립되었다. 의회 제1당인 자민당이 사키가케와 함께 사회당 무라야마 도미이치 위원장을 수반으로 삼아 새로운 연립내각을 구성했다. 자민당·사회당·신당 사키가케 연합정권이다. '반 오자와'라는 단 하나의 이유로 집결된 '신우파 전환으로부터의 회귀'였다.

아이러니하게도 사회당이 자민당과 연립을 구성한 것이다. 이럴 수 있었던 배경에는 이미 호소카와 연립내각에 참여함으로써 오자와에게 쫓기듯 '현실 노선'으로 사실상 노선을 전환할 수밖에 없었다는 사정이 있었다. 그렇다 해도 수상이 된 무라야마가 자위대, 미일안보조약, 일장기·기미가요 등에 대해 종래의 입장에서 명확히 180도 전환을 보였던 것은 사회당의 아이덴티티를 잃은 것으로 받아들여졌다.

그러나 오자와에게 휘둘리는 상황에서 긴급 대피한 '55년 체제하의 구우파 연합'과 '혁신 세력'의 '야합' 정권이란 것이 설령 연립내각의 실상이었다 해도, 매스컴이나 여론 앞에서 체면상 '개혁 반대'을 표방할 수도 없는 노릇이었다. 또한 다케시타 노보루나 대장성을 비롯한 관료제에 대한 의존을 높인 결과, 소비세 증세를 전제로 한 특수법인 개혁 등 행정 개혁에 착수했고, 그와 동시에 5%로 소비세 증세를 결정했다. 소비세 도입에 대해 그토록 맹렬히 반대했던 사회당이 겨우 6년 정도가 지났을 뿐인데 이토록이나 다른 모습을 보였던 것이다. 변모된 사회당의 모습에는 격세지감을 부정할 수 없었다.

무라야마 정권에서는 임시행정조사회의 뒤를 이은 3차에 걸친 임시행정개혁추진심의회의 답신 등을 받아 행정개혁위원회를 설치하고 행정 개혁 실시 상황을 감시하는 체제를 만들었다. 그리고 여기서 미야우치 요시히코宮内義彦(일본의 기업가. 전 오릭스 CEO-역자 주)를 수반으로 '규제완화소위원회'를 특별히 설치하여 규제 완화 추진을 맡게 하는 형태가 되었다. 이후 규제 완화는 여러 가지 명칭을 달리하는 추진 기관에 의해 지속적으로 실시되어 오늘날의 규제개혁회의에 이른다. 이처럼 꼬리에 꼬리를 무는 '영구 개혁' 구조를 제도적으로 궤도에 올린 것이 자민당·사회당·신당 사키가케 연립정권이었다는 사실은 아이러니하다고 말할 수밖에 없었다.

게다가 1993년 7월 미야자와 수상과 빌 클린턴 대통령에 의한 '미일의 새로운 파트너십을 위한 틀에 관한 공동 성명'을 받아들여, 1994년도부터 매년 '일본에서의 규제 완화와 행정 개혁에 관해 미국 정부가 일본 정부에게 보내는 요청서(연차개혁요청서)'가 규제 완화 추진 계획의 책정 과정에 제출되는 틀이 완성되었다. 미국 정부의 요청에 따른 규제 완화의 진척 상황이 미일 포괄 정책 협의에서 점검당하게 되었던 것이다. 이것은 일본의 정치 및 경제의 신자유주의화에 미국이 직접 관여하는 구조가 생겼다는 사실을 의미하고 있었다.

이렇게 해서 좋든 싫든 사회당은 바야흐로 그 옛날의 반대세력 opposition이 아닌 게 되어 버렸다. 하지만 그렇다고 해서 사회당이 또 다른 대안alternative을 제공하는 주체가 될 수도 없었다. 그런 이상, 자민당·사회당·신당 사키가케 연립내각에 의한 '신우파 전환으로부터의 회귀'라 해도 '개혁'이라는 엄청난 파도를 가까스로 막아 간신히 완만한 흐름으로 약화시킨 정도에 불과한 것이었다. 오자와 정도로 난폭하지는 않다 해도 결국엔 자민당과 관료제에 끌려다니며 이용당하기만 한다면 상황은 조금씩 더 나빠질 뿐이라는 위기감이 팽배해져 갔다. 이에 따라 '비자민·비오자와'를 핵심으로 하는 제3의 정당을 구상하고자 새로운 세력을 결성할 움직임도 보였다. 그러나 결국 한신아와지 대지진(이른바 고베 대지진. 1995년 발생한 진도 7.2의 도심 직하형 지진-역자 주)에 의해 좌절되어버린다. 게다가 무라야마 정권은 지진에 대한 미흡한 늑장 대처로 더 큰 비판에 직면해버린다. 지하철 사린 사건(1995년 일본의 종교 단체인 옴진리교에 의해 발생한 도쿄 지하철 테러 사건-역자 주)도 정계를 뒤흔들었다.

그럼에도 무라야마 사회당의 명성이 발했던 몇몇 정책 과제들이 돋보인다. '피폭자수호법(1994년 제정된 원폭피해자 종합 대책-역자 주)'의 제정이나 미나마타병(수은 중독으로 인해 발생하며, 다양한 신경학적 증상과 징후를 특징으로 하는 증후군. 1956년 일본 구마모토 현 미나마타 시에서 메틸수은이 포함된 어패류를 먹은 주민들에게서 집단적으로 발생하면서 사회적으로 큰 문제가 됨-역자 주)

미확인 환자에 대한 전면 구제를 정치적으로 타결하고자 시도했던 일, 소비세 증세 시 지방 소비세 분 1%를 확보했든 것, '기관 위임 사무의 폐지' 등의 결실을 낳던 지방 분권에 관한 시도 등을 꼽을 수 있다(야쿠시지 가쓰유키薬師寺克行 『무라야마 도미이치 회고록村山富市回顧録』 p.181, 무라야마 도미이치村山富市·사타카 마코토佐高信 『'무라야마 담화'란 무엇인가 「村山談話」とは何か』 p.190-194). 그리고 무엇보다도 전후 50주년의 무라야마 담화가 있었다.

국제협조주의의 마지막을 장식한 무라야마 담화

우리나라는 멀지 않은 과거의 한 시기, 국가 정책을 그르치고 전쟁에의 길로 나아가 국민을 존망의 위기에 빠뜨렸으며 식민지 지배와 침략으로 많은 나라들, 특히 아시아 여러 국가의 여러분들에게 극심한 손해와 고통을 주었습니다. 저는 미래에 잘못이 없도록 하기 위하여 의심할 여지도 없는 이와 같은 역사적 사실을 겸허하게 받아들이고 여기서 다시 한 번 통절한 반성의 뜻을 표하며 진심으로 사죄의 마음을 표명합니다. 또한 이 역사로 인한 내외의 모든 희생자 여러분들에게 깊은 애도의 뜻을 바칩니다('전후 50주년 종전기념일을 맞이하여'(이른바 무라야마 담화) 1995년 8월 15일).

이 단락에서 사용된 '국가 정책을 그르치고', '식민지 지배와 침략', '통절한 반성', '진심으로 사과' 등의 표현이 특히 잘 알려져 있다. 무라야마 담화의 준비는 극소수에 의해 진행되었다. 무라야마 수상 본인, 이가라시 고조五十嵐広三 내각관방 장관(담화 내각회의 결정 시에는 노사카 고켄野坂浩賢), 후루카와 데이지로古川貞二郎 내각관방 부장관, 그리고 차이나 스쿨(일본 외무성에 들어올 때 중국어를 연수어로 한 외교관을 지칭하는 용어. 중국어 외에도 영어, 독일어, 러시아어 등으로 나뉜다-역자 주) 출신인 다니노 사쿠타로谷野作太郎 내각외정심의실장이나 마키타 구니히코槇田邦彦 수상비서관 등이 초안을 작성했다. 내각회의 결정 직전까지 주요 각료나 자민당 간부도 그 세부적 내용에 대해 전해 듣지 못했다고 한다(야쿠시지薬師寺 「무라야마 도미이치 회고록村山富市回顧録」 p.217). 자치대신으로 무라야마를 보필하고 있던 노나카 히로무野中広務가 '전후 50년이라는 역사적인 순간에 무라야마 도미이치라는 총리를 탄생시킨 것은 (중략) '하늘이 내린 조화'였다고 생각하지요' 라고 분명히 말했을 정도로 후세에 길이 남을 공적이었다(미쿠리야 다카시御厨貴·마키하라 이즈루牧原出 「듣고 쓰는 노나카 히로무 회고록聞き書 野中広務回顧録」 p.188).

담화의 결정 과정에서 무라야마가 리더십을 발휘했던 것은 틀림없는 사실이다. 그러나 그와 동시에 개인적인 단독 플레이가 결코 아니었다는 사실도 반드시 확인해두어야 한다. 오히라부터 이어진 국제협조주의의 흐름이 그 정점에 달했던 것이다. 현재의 험악한 중일 관계로부터는 상상도 할 수 없는 일이지만, 천안문 사건 이후 서구 국가들에 의한 대중국 제재가 이어진 가운데, 중국을 고립시켜서는 안 된다며 제재를 맨 먼저 해제했던 것도 다름 아닌 일본이었다. 1991년에는 이미 가이후 수상이 중국을 방문하였고 다음 해인 1992년, 사상 처음으로 천황의 중국 방문까지 성사되었다.

가이후는 나카소네 이후 수상으로서 8년 만에 한국도 공식적으로 방문했다. 같은 해인 1991년 김학순씨가 처음으로 과거 '위안부'로서 실명으로 기자회견하고 증언을 하자 미야자와 내각은 1993년 고노 담화에 이르는 대응을 취했던 것이다. 고노 관방장관을 지탱해주었던 외정심의실장은 이때 이미 다니노 사쿠타로였다.

'위안소는 당시의 군 당국의 요청에 의해 운영된 것이었으며 위안소의 설치, 관리 및 위안부의 이송에 대해서는 구 일본군이 직접 혹은 간접적으로 이에 관여했다', '전장에 이송된 위안부의 출신지는 일본을 제외하면 조선 반도가 큰 비중을 차지하고 있었으나 당시의 조선 반도는 일본의 통치하에 있어 그 모집, 이송, 관리 등도 감언, 강압에 의하는 등 대체로 본인들의 의사에 반하여 행해졌다'는 것들을 사실로 인정하면서 정부로서 '이른바 종군위안부로서 많은 고통을 경험하시고 심신에 걸쳐 씻기 어려운 상처를 입으신 모든 분들에게 진심으로 사과와 반성의 마음을 말씀드린다'라는 내용이었다('위안부 관계 조사 결과 발표에 관한 고노 내각관방장관 담화' 1993년 8월 4일).

이어 고노 담화 발표 후 즉시 미야자와로부터 정권을 이어받은 호소카와가 수상으로서 처음으로 앞선 대전을 '침략 전쟁'이라고 인식하고 있다고 명확히 발언했다(호소카와細川 『나이쇼로쿠內訟録』 p.30-31). 또한 가이후, 미야자와, 호소카와 각 정권에서 엄청난 권세를 떨쳤던 오자와도 헌법의 확대 해석에 의해 안보 분야에서의 국제 협조주의를 주장하는 '보통 국가' 논자로 어떤 의미에서 국가주의자이긴 했지만, 역사 문제를 포함하여 아시아 여러 국가와 화해를 하는 것이 중요하다는 것은 명확히 이해하고 있었다.

이처럼 정당이나 정권의 틀을 불문하고 미일 관계와 더불어 아시아와의 화해를 중시하는 국제협조주의가 일본의 외교 안보 정책을 이끌고 있었다. 무라야마 담화가 이 시대 조류의 도달점을 나타냈던 것이다. 그러나 자민당·사회당·신당 사키가케 연립내각에 의해 설치된 '여성을 위한 아시아 평화국민기금(아시아여성기금)'의 배상 사업은 국가의 법적 책임이 아니라 도의적 책임에 바탕을 둔 시도라는 이유로 한국 등에 있는 과거 '위안부'나 지원 단체의 반발을 사게 되었고 이런 점에서 그 한계 또한 명확한 것이었다.

하시모토 류타로로의 정권 선양과 신우파 전환의 재개

1996년 1월 무라야마로부터 자민당으로 그토록 바라던 수반 선양을 받아들인 하시모토 류타로. 그는 일찍이 나카소네 행정 개혁에 당의 행재정조사회장 그리고 운수대신으로 관여했을 뿐 아니라, 그 후에도 간사장이나 대장성대신, 통산대신 등 요직을 역임했고 파벌의 수장인 오부치 게이조小渕恵三를 물리치고 등판했다. 정책통이자 개혁파의 이미지로부터 '선거의 얼굴'로 기대를 모았던 면도 있었다. 이는 소선거구제 도입 후 처음으로 치러질 총선거를 앞두고 있는 상황에서, 자민당도 개혁 실행 능력을 전면에 내세울 필요가 절실했다는 사실을 드러내고 있었다. 수상 취임에 앞선 1995년 가을, 자민당 총선거에서 기대를 한 몸에 모으고 있는 후보 하시모토에게 도전장을 내민 이가 바로 고이즈미 준이치로였다.

또한 하시모토는 일본 유족회 회장이나 '다함께 야스쿠니 신사에 참배하는 국회의원 모임' 회장도 역임하고 있었기 때문에 매파의 내셔널리스트로 간주되고 있었다. 실제로는 자민당·사회당·

신당 사키가케 연합의 틀 안에서 무라야마 담화 작성 시에도 이견을 주창하지 않았을 뿐만 아니라 오히려 '종전'과 '패전'이 혼재되고 있던 문맥을 '패전'으로 통일시켜야 하는게 아니냐고 무라야마에게 조언하거나 사회당에 대한 배려에서 수상 자리 선양을 위해서는 유족회 회장은 퇴임해두는 편이 좋을 거라는 노나카의 조언을 받아들이거나, 이런 저런 국면에서 유연한 자세를 보이고 있었다(야쿠시지 『무라야마 도미이치 회고록』 p.218, 고토 『다큐멘터리 헤이세이 정치사1』 p.325).

그러나 하시모토는 7월 자신의 생일 날, 현직 총리로서 나카소네 이후 거의 11년 만에 야스쿠니 신사를 참배했다. 중국의 강한 반발을 사자, 나카소네와 마찬가지로 이후 참배를 중지했지만, 이 시점에서 이미 사민당(1996년 1월 사회당이 개칭)이나 사키가케가 집권 여당 내에서 그 억제 기능을 발휘할 수 없게 되었다는 점이 분명해졌다. 선거를 앞둔 정당 시스템의 역학은 이미 사민당이나 사키가케에게 다가올 쇠퇴의 기운을 예상케 하고 있었고, 자민당 내에서도 다른 연립 파트너를 모색하기 시작거나, 주요 라이벌 정당을 의식해서 리버럴파에서 보수파로 주도권이 움직이기 시작하고 있었다.

주택 금융 전문 회사(주전)등의 불량 채권 문제를 필두로 버블 붕괴 후의 뒤처리가 하시모토 정권을 무겁게 짓누르고 있었다. 경기가 나빠졌고 재정 적자가 부풀어 오르는 가운데 관료들에 의한 불상사도 빈번히 발생했다. 이 시기 사키가케로부터 하시모토 내각으로 후생성대신으로 입각한 간 나오토가 약물 피해 에이즈 문제로 관료를 제압하는 리더십을 발휘하며 큰 인기를 모았다. 간 나오토는 총재 선거 직전인 9월, 하토야마 유키오鳩山由紀夫(하토야마 이치로鳩山一郎의 손자—역자 주) 등에 의한 민주당 결성에 공동대표로 합류했다.

이렇게 해서 10월, 새로운 선거 제도 아래 처음으로 실시된 선거에서는 자민당과 신진당이 정면에서 부딪치는 곳에 민주당이 끼어들어 뒤엉켜 버리는 형국이 되었다. 모든 주요 정당이 행정 개혁을 호소하는 상황으로, 그야말로 신우파 전환의 재개를 고하는 듯한 양상이 되었던 것이다. 결과는 단독 과반수 회복은 불가능했지만 자민당이 회복하였고 신진당은 미묘히 감소했으며 민주당은 현재 가지고 있는 의석을 유지하는 데 그쳤다.

그렇다고는 해도 연립 여당인 사민당과 사키가케가 모두 참패로 끝나며 각외협력으로 바뀐 것 때문에 하시모토는 힘든 정권 운영을 하지 않을 수 없게 되었다. 그런 와중에 자민당은 유권자에 대해서는 개혁의 자세를 어필하면서 국회에서는 실망감이 감도는 신진당을 중심으로 한 의원을 '한사람 씩 포섭하는' 작전에 의해 의석수 증가를 노리는 상황이 되었다. 신우파 전환이 바야흐로 새로운 정당 시스템에 내장된 메커니즘이 되고 있는 과정이었다는 것은, 오자와와 대치하며 자민당에서 버티고 있던 구우파 연합의 보수 본류 다케시타·오부치파 계보가 개혁의 담당자가 되고 있다는 사실을 통해 여실히 드러났다.

하시모토 행정 개혁

행정 개혁의 프로를 자임하는 하시모토는 행정개혁회의를 설치, 스스로 회장을 역임했다. 나카소네 행정 개혁에서는 세 곳의 공사에 대한 민영화가 중심이 되었고 관저를 약간 강화한 이외에 국가 기구의 본영에 칼을 대는 것이 불가능했다는 사실을 고려하여, 하시모토는 수상 관저나 내각 기능의 강화, 중앙 행정 기구의 통합·재편, 간결·효율적·투명한 행정 실현 등을 중심 과제로 설정했다.

> 우리들이 착수해야 할 행정 개혁은 바야흐로 국부적 개혁에 머무를 수 없다. 일본 국민에게 여전히 농후히 남겨진 통치 객체 의식에 수반되는 행정에 대한 과도한 의존 체질에 결별을 고하고 자율적 개인을 기초로 국민이 통치의 주체로서 스스로 책임을 지는 국가로 전환하는 것으로 이어져야만 한다.
> '국제 사회에서 명예로운 지위를 점하고 싶다고 생각한다'(헌법 전문)는 일본 국민의 소망은 이러한 정부를 기반으로 국제 사회에 대해 독자적인 제안을 하고 가치를 발신하여 공정한 룰을 만드는 데 적극적으로 참가함으로써 비로소 실현될 수 있는 것이라 믿는다.

라는 행정개혁회의 『최후보고最後報告』(1997년 12월 3일)의 '들어가며'의 일절은 마치 오자와의 『일본개조계획』에서 그대로 발췌해온 것 같다. 이렇게 나카소네, 오자와, 하시모토로 신우파 전환의 릴레이가 이어져 갔던 것이다.

하시모토는 주택 금융 전문 회사 문제나 대장성 불상사 등을 바탕으로 재금분리財金分離(국가의 금융당국이 재정당국으로부터의 독립성을 가지면서 금융정책을 행해야 한다는 사고방식. 1998년 개정 일본은행법이 실시되어 내각에 의한 일본은행 총재의 해임원이 없어지고 당시의 재정당국인 대장성(현 재무성)에서 금융감독청 (현 금융청)이 분리됨−역자 주)에 착수했다. 나아가 중앙 기구를 1부府 12성 청省庁으로 통합·재편하였으며 영국의 대처 정권에서 국가 기관을 에이전시화했던 것을 롤 모델로 삼아 독립행정법인화를 추진했다. 수상보좌관 제도를 강화하고 내각관방 부장관을 1명 증원했으며 새롭게 내정, 외정, 안보 담당 3명의 내각관방부장관보를 신설하기도 했다.

그 가운데서도 신설된 '경제재정자문회의'는 수상을 의장으로 소수의 경제 각료 외에 일본은행 총재, 재계인, 경제전문가 economist를 의원으로 두고, 예산 편성 기본 방침을 비롯한 경제 재정 정책을 수상 주도로 행하기 위한 장치가 되어갔다.

단, 수상에 대한 권한 집중을 불러일으킨 이러한 행정 기구 개혁이 실제로 시행된 것은 2001년의 일이다. 정작 하시모토 본인은 그 제도화에 진력했을 뿐인 것이다. 훗날 하시모토 등 다나카·다케시타파 계보를 눈에 가시로 삼았던 보수 방류 기시·후쿠다파 계열의 고이즈미로 신우파 전환의 바통 터치가 행해지게 된 것이다.

이외에 '6대 개혁' 운운하며 큰소리쳤던 하시모토가 실제로 착수했던 중요한 개혁으로 금융 시스템 개혁이나 재정 구조 개혁 등이 있다. 금융 시스템 개혁은 지주회사 또는 자회사를 통해 은행·증권·보험업이 상호 진출할 수 있게 해주는 완화 정책을 포함하고 있다. 재정 구조 개혁은 세출 삭감 정책을 도입하여 재정 건전화를 추진한 것이었다. 하지만 1997년 4월부터 실시된 소비세 증세 실시에 대한 비판의 소리가 높아져 갔다. 이른바 '하시모토 불황'이라는 이름으로 비판을 모은 경기 침체가 마침내 하시모토를 궁지로 몰아갔던 것이다. 또한 소비세 도입과 증세는 이때에 국한되지 않고 법인세 감세와 소득세의 플랫화(누진세율의 인하)와 세트로 추진되어갔다.

미일동맹 강화와 국제협조주의의 퇴조

하시모토가 추진했던 신우파 전환은 내정 면만이 아니라 안보 분야와도 연동되고 있었다.

1996년 4월 '미일 안전보장 공동선언—21세기를 향한 동맹'이 발표되고 '미일 양국의 장래의 안전과 번영이 아시아 태평양 지역의 장래와 밀접히 연결되어 있다'는 시각을 거듭 확인했다. 미일 안보조약에서는 '극동지역'(필리핀 이북 및 일본 및 그 주변지역(한국 및 대만 지역도 포함함))으로 한정되어 있는 지리적 대상을 확대하고자 하는 의도가 나타난 것이었다(사이토 다카오斎藤貴男 『르포 개헌 조류ルポ改憲潮流』 p.86).

이것을 기점으로 미일동맹 강화의 흐름이 순식간에 만들어졌다. 다음해인 1997년 신 가이드라인을 결정하고, 나아가 오부치 정권하에서 1999년 주변사태법을 제정했다. 일단은 평상시나 일본 유사시, 일본 '주변 지역'에서의 사태에 대한 미일 양국의 역할이나 협력·조정 형태에서부터 시작한 것이지만, 그 끝에는 헌법 9조를 완전히 허수아비로 만든 일본의 집단적 자위권 행사에 대한 용인, 즉 지리적인 제약을 해제한 자위대와 미군의 사실상의 통합을 목적으로 한 것이었다.

이러한 움직임에는 국내외의 변화가 그 배경에 있었다. 냉전 종언 당초에는 유엔이 보다 큰 활약을 해줄 것으로 기대를 모았다.

그러나 유엔 개혁을 추진하고 있던 부토로스 부토로스 갈리 유엔 사무총장이 미국과 반목하게 되면서 그러한 기대감도 상실되게 되었다. 이에 따라 미일의 '공통적 가치관'을 거듭 강조한 미일동맹의 강화로 미국이 결단을 내렸던 것이다.

이런 흐름은 나아가 2000년 10월 발표된 '미국과 일본—성숙한 파트너를 향해'(이른바 '아미티지 보고서')에 의해 가속화되었다. 신 가이드라인은 어디까지나 스타트에 지나지 않았다. 이 보고서는 미영의 '특별한 관계'를 모델로 미일동맹은 보다 평등한 것으로 발전해 가야 하며 일본이 집단적 자위권 행사를 금하고 있는 것이 그 제약이 되고 있다고 주장하고 있다. 이 보고서의 권고는 고이즈미 정권하에서의 유사법제의 정비 등으로 이어져 갔다.

일본 국내에서도 미국의 대 일본 정책의 변화를 수용하여 국제협조주의 개념의 결정적인 바꿔치기가 시작되었다.

애당초 오히라 정권에서는 안보 측면에서의 대미 협조와의 긴장을 내포하면서 그것과 밸런스를 유지하는 형태로 구상되었던 것이 경제 문화 측면에서의 국제협조주의였다. 또한 그 양자를 통합시켰던 것이 그의 '종합 안보 전략'이었다. 거기에서 미일동맹 강화로 보다 중점을 옮겨놓았던 것이 나카소네였다. 그리고 유엔 중심주의 포즈를 취했지만 군사적 측면으로 국제협조주의를 확대해석해갔던 것이 오자와였다.

하시모토 이후(오부치, 모리 요시로森喜朗) 중국, 러시아, 한국 등에 대해서도 적극적인 외교 노력이 전개되었다. 그러나 애당초 경제 문화 교류 등을 중시한 다국 간 협조를 지향했던 국제협조주의가 군사와 경제 양쪽에서의 대미 추종이라는, 상당히 본 취지와 거리가 먼 내용으로 바뀌어가는 전환점이 도래했다고 말할 수 있다.

역사수정주의 백래쉬 시작

바야흐로 혁신 세력이란 안전장치가 상실된 것이나 진배없는 상황에서 국제협조주의에도 그 후퇴가 보이기 시작했다. 이것은 신우파 연합에서 신자유주의와 쌍을 이루고 있던 국가주의에도 복고주의적 성격이 강해져 간 것을 의미하고 있었다. 자민당·사회당·신당 사키가케 연립내각이라는 틀이 붕괴되면서 그와 궤를 같이 하여 역사수정주의 백래쉬가 시작되었던 것이다.

당연히 국제협조주의 전성시대에서도 자민당 내에서는 적지 않은 수의 역사수정주의자들이 있었다. 하지만 그들은 각료나 당 간부의 '실언'이나 '망언'으로 일컬어지는 형태로 존재를 드러내고는 사임이나 경질이라는 처지에 놓이는 사이클을 반복하고 있었다. 나카소네 정권에서의 후지오 마사유키藤尾正行, 다케시타 정권의 오쿠노 세이스케奧野誠亮, 하타 정권의 나가노 시게토永野茂門, 무라야마 정권의 사쿠라이 신桜井新과 에토 다카미江藤隆美 등을 들 수 있다.

1993년 자민당이 하야下野, 게다가 고노 담화나 호소카와 수상의 '침략 전쟁' 발언이 주목을 받는 가운데 1995년 종전 50년이 다가오자 보다 조직적인 역사수정주의의 움직임이 보이게 되었다. 1993년 8월 자민당은 '역사·검토 위원회'를 설치, 여기서 역사수정주의 학자 그룹들과의 연계가 이루어졌다. 또한 오쿠노나 이타가키 다카시板垣正 등 구세대부터 에토 세이치衛藤晟一, 나카가와 쇼이치中川昭一, 아베 신조 등 신세대로의 바통 터치가 진행되어 갔다(다와라 요시후미俵義文 「아베 수상의 역사인식의 내력을 파헤친다安部首相の歷史認識の

108

来歴をさぐる」p.43~45).

그러나 백래쉬의 가장 직접적인 계기가 된 것은 1995년 무라야마 담화와 아시아 여성기금 설립에 이어 1996년 검정에 합격한 1997년도용 모든 중학역사교과서에 '위안부' 문제에 대한 기술이 있다는 사실이 보도된 일이었다. 이 결과 1997년은 그야말로 '백래쉬 원년'이 되었다. 1월 니시오 간지西尾幹二, 후지오카 노부가쓰藤岡信勝, 고바야시 요시노리小林よしのり 등에 의해 '새로운 역사교과서를 만드는 모임'이 정식으로 발족, 2월 자민당 '일본의 전도와 역사 교육을 생각하는 젊은 의원 모임' 설립, 그리고 5월 문화인이나 재계인을 중심으로 한 '일본을 지키는 국민회의'와 신사 본청 등 종교계 국가주의 단체 '일본을 지키는 모임'이 조직 통일하여 '일본회의日本会議', 그리고 국회의원 부대로서 '일본회의 국회의원 간담회'가 만들어졌던 것이다(다와라 요시후미俵義文 『다큐멘터리 '위안부' 문제와 교과서 공격ドキュメント「慰安婦」問題と教科書攻撃』).

이러한 조직적인 역사수정주의 움직임에는 당초부터 분게이슌주文藝春秋(일본을 대표하는 종합 잡지 중 하나. 아쿠타가와상芥川賞과 나오키상直木賞 등으로도 저명—역자 주)나 후지산케이富士産經 그룹(후지TV와 산케이신문産経新聞 등 다수의 대중매체를 중심으로 하는 일본의 기업 집단—역자 주) 등이 미디어 플랫폼을 제공했다. 그야말로 이 무렵부터 『제군!諸君!』, 『정론正論』 등 보수 논단지 등에 '반일'이란 선동 문구를 타이틀에 포함한 기사가 급증해갔다고 지적되고 있다(조마루 요이치上丸洋一 — 『「제군!」「정론」의 연구—보수 언론은 어떻게 변용되어 왔는가『諸君!』『正論』の研究—保守言論はどう変容してきたか」 p.389–391).

게다가 55년 체제라면 복고적 국가주의의 국회의원이나 의원

연맹은 자민당과 기껏해야 민사당 일부에 머물고 있었던 것이 자민당의 분열과 사회당(사민당)의 조락에 의해 오히려 자민당뿐만 아니라 신진당이나 민주당 등에도 확산되어 초당파적 움직임마저 보이는 양상이 되어갔다.

이렇게 해서 정치 엘리트 주도로 복고주의적 국가주의가 조직화되며 조용히 정치 시스템 안에서의 주류화가 준비되어갔다. 종래에는 특정 '우국지사' 정치인이 '망언'의 죽창을 가지고 혈혈단신으로 돌격했다가 되돌아와서 뭇매를 맞는 형국이었다. 그러나 이제는 여러 부대가 상호 연계하여 대열을 정비하며 작전을 펼쳐가기 시작한 것이나 다름없었다.

회귀로서의 1998년 참의원 선거

행정 기구 개혁, 안보 정책, 그리고 역사수정주의 등의 측면에서 하시모토 정권기에 신우파 전환이 추진되었고 또한 앞으로의 더 큰 전환을 위한 씨앗이 뿌려졌던 것이다. 그러나 '잃어버린 10년'이라고도 불리는 경제 운영의 실패에 의해 도시 중간층의 이반을 불러일으켰고 간사장으로서 1989년 참의원 선거 참패를 맛보았던 하시모토가 이번에는 수상으로서 그에 버금가는 대패의 굴욕을 맛보며 퇴진할 수밖에 없게 된다. 신우파 전환에 대한 부분적인 회귀가 일어났던 것이다.

그러나 이때까지 자민당을 둘러싼 정당 시스템에도 커다란 변화가 나타나고 있었다. 자민당의 '일대일 설득' 전략이 결실을 맺어 1997년 9월 중의원에서 단독 과반수를 회복했다. 오자와의 수법 등에 대한 반발로부터 내분이 수습되지 않는 신진당에서는 진

퇴양난의 갑갑함이 만연해 있었다. 거기에 갑자기 12월 오자와가 신진당을 해산하고 자기 스스로는 자유당을 이끄는 형태로 순화 노선을 취했던 것이다. 이때 남은 일부는 자민당에 다시 돌아오기에 이르렀고 또 다른 일부는 민주당과의 연계를 강화하여 1998년 4월 구 오자와파 등 보수계도 합류한 새로운 민주딩이 탄생했다. 자민당의 메인 라이벌이 신진당에서 민주당으로 바뀐 것이다. 한편 구 공명 그룹은 공명당을 재결성했다.

오자와가 정계 재편 두 번째 스테이지의 도화선에 불을 붙이고 얼마 지나지 않아, 유동적인 상황 아래서의 참의원 선거에서는 자민당이 대패했지만 명확한 승자는 없는 선거 결과를 낳았다. 민주당이 의석을 늘렸고 야당 제1당의 지위를 굳혔다고는 해도 자유당이나 공명당과의 연계는 불발에 그쳤으며 자민당에 대항하는 정권 전략을 그릴 수 있었던 것은 아니었다. 숨 가쁘게 정치가나 정당의 이합집산이 반복되는 가운데 유일하게 고독한 야당의 길을 관철시켜온 공산당이 약진했다. 정치 개혁 이래로 정당 시스템 전체에 대한 많은 유권자들의 혐오의식이 드러난 것으로 간주되었다.

'진공 총리' 오부치와 '유당' 민주당

하시모토의 뒤를 이었던 것은 가지야마와 고이즈미의 도전을 물리친 오부치였다. 하지만 이른바 '뒤틀림 국회' 때문에 참의원에서의 수반 지명에서 민주당 대표 간 나오토에게 패하는 힘겨운 출발이었다. 게다가 취임하자마자 경기 침체와 금융 위기에 대한 대응을 곧바로 해야만 했다. 난항을 거듭한 금융 재생 관련 법안의

심의 끝에 오부치는 민주당 안의 '무조건 수용'에 대해 결단을 내리고 금융 조기 건전화 법안에 대해서는 자유당과 공명당의 지지를 얻어 성립시켰다.

'partial(부분) 연합'으로 우선은 결과를 만들었지만 방위청 장관에 대한 문책 결의가 참의원에서 가결되어 어쩔 수 없이 사임할 수밖에 없게 되자 정권 기반의 불안정이 역시 송두리째 드러나는 형국이 되었다. 여기서 공명당과의 연립을 향한 예비 단계로 자유당과의 연립 협의를 추진했다. 정부위원 제도 폐지와 부대신 제도 도입이나 중의원 비례구에서의 정수 삭감, 신 가이드라인 관련 법안 등의 안보법제 정비 등 오자와의 요청 대부분을 수용하고 나아가 공명당과의 연립을 기도하며 지역 진흥권 지급을 결정했다.

이러한 오부치의 지나치게 융통성이 많은, 혹은 지조가 없는 태도는 '진공眞空 총리'라는 평가를 받았다. 이 배경에는 간 나오토 민주당의 실패가 있었다. 민주당은 금융 국회를 '정치적인 국면으로 하지 않겠다'고 선언해서 오자와를 실망시켜 야당 공동 투쟁 노선에서 이탈시켰던 것이다. 무슨 일에든 반대하는 만년 야당이라는 비판을 받았던 사회당. 사회당의 전철만은 밟고 싶지 않다는 일념으로 대체정당으로서의 정권 담당 기능을 어필하고자 했던 간 나오토의 방침은 '야당'도 '여당'도 아닌 '유당'이라는 야유를 받기에 이르렀다.

한편 자민당·자유당·공명당 연립으로 향했던 오자와 입장에서는 신진당을 이끌고 정면에서 자민당에게 도전하여 정권 탈취를 하고자 했던 것이 실패로 끝나고 이번에는 연립에서 자민당의 품 안으로 들어가 온통 뒤흔들어 보려는 심산이었던 것으로 보인다.

공명당은 호소카와·하타 연립내각을 거쳐 지하철 사린 사건이 발생했던 자민당·사회당·신당 사키가케 연합정권에서 자민당과 적대 관계에 서는 과정에서 정교 분리 문제 등이 얽혀 자민당으로부터 위협을 받아왔던 것이 효과를 발휘하고 있었다. 너무 노골적인 방향 전환은 불가능하기 때문에 '원 쿠션'으로 자유당을 중간에 두고자 하는 동상이몽의 자민당·자유당·공명당 연립은 1999년 10월 완성되게 된다.

자민당·자유당·공명당 연립에서 자민당·공명당 연립으로

　민주당을 잠재적인 대항 세력으로 간주하며 자민당·자유당·공명당 연립으로 뱃머리를 돌린 오부치 정권은 한편으로는 자유당에게 재촉을 당하는 느낌으로 하시모토 정권하에서 시작된 국가주의적 정책 전환을 추진하고 있었다. 또한 한편에서는 공명당이 제안한 지역 진흥권 배포에 국한되지 않고 '세계 제일의 채무왕'이라고 자칭했을 정도까지 적자 국채에 의존한 공공사업이나 감세(법인세나 소득세 등) 등 경기 자극책 확충을 실행했다. '진공 총리'였던 만큼 신우파·구우파가 혼재하고 있었다고 말할 수 있을 것이다.

　또한 국제협조주의의 잔재라는 점에서는 노나카 관방장관을 중심으로 한국 정부로부터의 요청이 있어서 공명당과 자유당이 찬성하고 있던 영주 외국인에 대한 지방 참정권 부여에 적극적인 자세를 보이거나 1995년 베이징에서의 제4차 세계 여성회의의 흐름을 수용하여 1999년 남녀공동참화사회기본법을 제정하기도 했다.

　그러나 신우파 전환의 흐름 안에서 고찰했을 때 가장 중요한 것은 보수 본류 오부치파가 맡고 있던 정권이었음에도 불구하고 민주당에게 쐐기를 박고 공명당을 불러들이기 위해 불가결했던 자유당을 붙잡아 두기 위해 주변사태법을 포함한 신 가이드라인 관련법, 통신방수법(도청법)을 중심으로 한 조직적범죄대책3법, 국기·국가법 등을 차례로 성립시켰다는 점이었다. 노린 바대로 민주당은 분단되고 무력해졌다.

또한 오부치는 하시모토 정권에서부터 이어받는 형태로 노동자파견법을 개정하였고 파견노동의 비대상업무를 한정 열거하는 네거티브 리스트 방식으로 바꾸어 원칙적으로 자유화했다. 이 배경에는 1995년 일본경제단체연합회日本経済団体連合会(일경련日経連)이 낸 보고서『신시대의 '일본적 경영'新時代の「日本的経営」』이 있었다. 인재 비즈니스나 재계 주도의 고용 유연화, 비정규화가 본격적으로 시작된 것이다.

그러나 오로지 자민당의 보완 세력에 충실하며 정권의 단맛에 길들여진 공명당과, 마치 자민당을 무너뜨리기 위해 계속해서 어려운 '개혁' 요구를 제시하는 듯한 자유당 쌍방과의 연립에는 애당초 무리가 있었다. 오자와가 연립 이탈을 협박 카드로 거듭해서 당을 뒤흔드는 가운데 마침내 '진공 총리'는 파멸한 것처럼 병마에 쓰러져 급히 서거해버리고, 자민당과 공명당을 중심으로 한 새로운 연립 구조에서 5인조(아오키 미키오青木幹雄 내각관방장관内閣官房長官, 모리 요시로 간사장, 노나카野中 간사장 대리, 가메이 시즈카亀井静香 정조회장政調会長, 무라카미 마사쿠니村上正邦 참의원의원회장参議院議員会長)에 의한 밀실 협의 결과 모리 요시로森喜朗가 후임으로 결정되었다.

세대교체와 보수 본류의 분열

앞서 역사수정주의적 국가주의자 그룹에서 아베 등 신세대로 계승과 교체가 이루어졌다는 것에 대해 언급했었다. 그와는 대조적으로 같은 1990년대 후반 이후 세대교체에 실패했던 것이 구우파 연합 안에서 보수 본류를 담당해왔던 다케시타·오부치파 계보와 고치카이였다.

다케시타·오부치파의 게이세이카이経世会·헤이세이연구회平成研究会의 흐름에서는 하시모토에서 오부치로 수상이 교체되는 시점에 중요 간부인 가지야마가 회장인 오부치에게 등을 돌리고 총재 선거를 경쟁한다는 비정상적인 사태를 경험했다. 나아가 2000년 오부치와 다케시타가 연달아 서거하는 불운을 겪어 하시모토파가 되었지만 다케시타 서거 후 파벌 내부의 의사 통일을 지휘할 입장에 있었던 노나카 히로무와 참의원 보스 아오키 미키오 사이에 갈등의 골이 깊어져 파벌로서의 구심력이 급속히 저하되었다.

한편 고치카이에서는 미야자와 기이치 이후 고노 요헤이와 가토 고이치加藤紘一가 분열, 가토가 고치카이 회장에 취임했지만 자민당·자유당·공명당 연립으로의 정권 구조 전환에서 밀려나고 모리 정권이 극심한 부진을 겪고 있던 와중인 2000년 11월 '가토의 난(제2차 모리 내각 타도를 목적으로 여당 자민당의 가토 고이치, 야마사키 다쿠山崎拓 등이 일으켰던 일련의 내각 타도 운동—역자 주)'에 실패하여 명문 파벌의 무참한 분열에 이르고 말았다. 가토는 다시금 2002년 사무소 대표의 탈세 사건으로 국회의원에서 사직해야 하는 상황에 이르렀다.

무엇보다 결정적이었던 것은 일찍이 자민당·자유당·공명당 연립정권 시절 가토와 한 팀이 되었던 노나카 히로무가 하시모토,

오부치, 모리로 정권이 이어지는 가운데 자민당·자유당·공명당 연립정권의 담당자가 되어 '어둠 속 총리'라고 불릴 정도로 힘을 축적하고 있었는데, 이번엔 간사장으로서 세이와카이淸和会(모리파森派) 회장인 고이즈미와 함께 모리 총리를 보호하여 '가토의 난'을 철저히 진압했다는 사실이었다. 수상 후보 탄알이 바닥났고 분열을 거듭했으며 상호 연계까지 붕괴된 모습으로 보수 본류는 21세기에 돌입했던 것이다.

그것은 마치 구우파 연합의 시체들이 수북하게 쌓여 있는 광경이었다. 도시 중간층에게 외면당한 모리 정권의 지지율은 한자리수로 주저앉아, 다케시타 정권의 사상 최저 기록을 당장이라도 갈아치우려고 할 지경에 이르렀다.

제3장

'자유'와 '민주'의 위기

——신우파 연합의 승리

1 고이즈미 정권——'정치의 신자유주의화' 시대

퍼포먼스 정치로

인기가 땅에 떨어진 모리 요시로가 사의를 표명하고 총선거가 행해지자 모리파 회장으로서 정권을 지지하고 있던 고이즈미가 미디어 선풍을 불러일으키며 하시모토, 아소 다로麻生太郎, 가메이 시즈카를 제치고 당선되었다. 80%에 육박했던 내각지지 반대표가 하룻밤 사이에 지지율 약 80%로 반전될 정도로 무당파의 태도에 급격한 변화가 보였던 것이다.

이에는 두 가지 복선이 있었다. 첫 번째는 반면교사로서의 모리와 그 선출 방법이다. 5인조에 의한 밀실 담합이라는, 소련의 크렘린을 연상케 하는 비민주적이고 불투명한 프로세스 아래 수상으로 선출됨에 따라 모리 정권에는 마지막까지 민주적 정통성이라는 점에서 의문이 꼬리를 물고 따라다녔다. 내각 지지율이 한 자릿수까지 떨어지고 보수 본류에 인재가 동이 난 가운데 자민당은 기사회생의 인기 부양책으로 최대한 시청자 참가형의 환상을 불러일으키는 장치로 총재 선거를 실시했던 것이다.

실제로는 당 소속의 국회의원이나 당원이 아니면 선거권은 없었지만, 마치 자민당이 텔레비전을 납치한 것처럼, 아버지 다나카 가쿠에이를 이어받은 서민적인 말투에 능수능란했던 다나카 마키코田中眞紀子와 한 팀을 꾸린 고이즈미가 전국 유세를 해가는 모습이나 네 후보가 다함께 소신 표명이나 토론을 벌이는 모습이 계속해서 텔레비전 화면을 통해 영상으로 흐르고 있었다.

또 하나는 미디어화된 포퓰리즘 정치가 실패했던 선례로서의

'가토의 난'이었다. 그 결과 정치 부패의 이미지가 따라다니는 과거 다케시타파 지배가 계속된 가운데 경제 실패로 지난번에 퇴진했던 하시모토가 파벌의 힘을 배경으로 재등판한 것처럼 비춰진 가운데, 실은 바로 얼마 전까지 모리 정권을 지탱하고 있던 고이즈미가 느닷없이 '개혁의 기수'로 클로즈업되었다. 가토의 난의 실패로 갈 곳을 잃었던 '민심'의 마그마가 고이즈미에게서 그 배출구를 발견해낸 듯 했다(나카키타 『자민당 정치의 변용』 p.206~207).

물론 로고스(이성)보다 파토스(정념)에 호소하는 퍼포먼스 연출자로서 고이즈미의 타고난 재능이 배경에 있었다(우치야마 内山融 『고이즈미 정권-'파토스의 수상'은 무엇을 바꿨는가小泉政権―「パトスの首相」は何を変えたのか』 p.11~13). 애당초 '정책은 지지하지 않는다'고 거짓말을 하면서 모리가 사라진 세이와카이의 빈자리를 잠깐 지키는 우두머리로 모리 정권을 계속 보호하고 있었으면서 혓바닥의 침도 마르기 전에 파벌이나 자민당을 '부셔버리겠다'고 절규하는 개혁자로서 절찬을 한 몸에 받게 된다. 고이즈미에게는 논리적 파탄을 꾸밈없는 속내로 보이게 해서 결국 지지로 바꾸는 독특한 '밝은 시니시즘'이 있었던 것이다. 수상 재임 중 고이즈미는 종종 이 '재능'에 의해 난국을 타개하고 아울러 정치의 질을 떨어뜨렸다.

신우파 전환의 축적

정치가로서의 고이즈미의 특이한 자질도 자질이지만 고이즈미 이전의 신우파 전환 성과의 축적에 의해 이미 '무대 장치'가 준비되어 있었다는 것이 고이즈미 장기 정권과 다방면에 걸친 개혁을 가능하게 했던 측면도 무시할 수 없다.

나카소네의 임시행정조사회 이후 3차에 걸친 임시행정개혁추진심의회, 그리고 하시모토의 행정개혁심의 등에서 종종 NHK, 일본경제신문, 요미우리신문読売新聞 등의 보도기관의 우두머리급이 위원으로 정책 과정에 참가하게 되었다. 총체적으로 매스컴은 '개혁파=착한 사람', '저항 세력=나쁜 사람'의 이원론에 합의하는 보도를 행하게 되었다. 심지어 고이즈미 총재 선거에서의 승리는 매스컴이 고이즈미의 개혁파 이미지를 잔뜩 내세워 파벌의 역학을 타파하여 달성된 것이었다. 고이즈미에게는 미디어, 특히 텔레비전이 만들어낸 총리라는 요소가 있었다(오사카 이와오逢坂巖 『일본 정치와 미디어─텔레비전의 등장에서 인터넷 시대까지日本政治とメディア─テレビの登場からネット時代まで』 p.278)

이러한 매스컴 여론의 지지를 바탕으로 고이즈미는 총재·총리로서 수중에 든 집권적인 제도를 종횡무진 구사해서 강력한 리더십을 발휘할 수 있었던 것이다.

그 하나로는 오자와 등이 실현시킨 선거 제도 개혁에 의한 소선거구제의 도입이다. 종래의 중선거구제에서는 서로 다른 파벌에서 추대된 자민당의 복수 후보들이 서로 경쟁하고 있었기 때문에 당으로서의 구심력이 약했고 정당 간 정책 위주가 아니라 개개의 정치가에 의한 이익 유도 위주의 선거가 되는 경향이 있었다. 그러나 동시에 그런 점들이 자민당 내에 일정한 다양성을 낳고 논의를 활성화시켰던 측면도 있었다.

하지만 소선거구제에서는 자민당 공인 후보는 한사람으로 좁혀지게 된다. 파벌의 힘이 약해지고 대신 당 중앙의 총재, 간사장이 공인과 정치 자금에 대해 강력한 재량권을 가지게 된 것이다.

2005년 우정 민영화 개혁 선거에서 고이즈미가 '저항 세력'을 제거하고 '자객' 후보를 집어넣을 수 있었던 것은 이러한 변화가 있었기 때문에 가능했던 일이다. 과거 마지막까지 소선거구제 도입에 고이즈미가 반대했다는 사실은 아이러니하다고밖에는 말할 수 없다.

또한 고이즈미는 정권 당초의 절대적인 인기를 배경으로 출신 파벌인 세이와카이와 아오키 미키오가 이끌어가는 참의원 자민당을 예외로 하고 각 파벌의 영수와 상의도 없이 각 파의 차세대 클래스들(아베, 아소, 다니가키 사다카즈谷垣禎一, 나카가와 쇼이치, 히라누마 다케오平沼赳夫, 이시바 시게루石破茂 등)을 직접 등용시켜 경쟁을 시킴으로써 수상의 구심력을 높이고 파벌을 더더욱 약체화하는 데 성공했다. 또한 이렇게 고이즈미에게 발탁된 중견 소장파 대부분이 역사수정주의자를 다수 포함하는 국가주의적 경향이 강한 정치가들이었다는 것은 결코 간과할 수 없는 사안이다.

또 하나는 두 번째의 대결에서 격파시킨 하시모토가 총리 시절 이루어낸 수상 관저의 강화였다. 외교 안보도 그렇지만, 특히 심복이 된 경제학자 다케나카 헤이조 등을 경제재정자문회의에서 중용하여 계속해서 구조 개혁 노선 정책을 추진하거나 우정 민영화 개혁을 강행할 수 있었던 것은 이 역시 아이러니하게도 하시모토의 덕분이었다.

좀 더 들어가자면 노나카나 오부치가 오자와를 발판으로 삼아 만들어낸 자민당과 공명당 연립이 고이즈미에게 주는(의도치 않은) 선물이 되었고, '뒤틀림 국회'라는 형태로 이원제가 행정부를 제약하는 상황이 회피된 것도 컸다고 할 수 있다.

영국에서 대처가 '기득권익'을 타파하고 '자유 경제'를 실현하기 위해 수상부에 대한 권한 집중에 의한 '강한 국가' 수립을 필요로 했다는 것에 대해서는 서장에서도 언급했다. 일본에서도 나카소네 행정 개혁 이래로 수상과 관저에 권력 집중을 추진하여, 마치 수상이 '최고경영책임자CEO'라도 된 것처럼 수많은 신자유주의적인 정치 개혁들이 이루어졌다. 결국 이러한 정치 개혁들이 고이즈미가 날뛸 수 있는 무대 장치를 정비해갔던 것이다.

성역 없는 구조 개혁과 우정 민영화 개혁

이렇게 해서 '수상 지배', '2001년 체제'(다케나카 하루카타竹中治堅 「수상 지배─일본 정치의 변모首相支配─日本政治の変貌」)라는 말이 나올 정도로 강대한 권력을 집중시키며 고이즈미는 더더욱 신자유주의 개혁에 매진했다. 중요한 것은 고이즈미가 추진한 개혁이 구우파 연합의 총본산이라고 할 수 있는 하시모토파에 대한 공격이기도 했다는 점이다. 신우파 전환은 항상 정책 변화와 권력 투쟁의 양면을 가지고 있었던 것이다. 하시모토파의 아성이었던 도로 등 공공사업이나 우정사업들이 눈에 가시가 된 것은 결코 이유가 없었던 게 아니었다. 고이즈미는 비서로 후쿠다 다케오를 모셨을 무렵부터 거의 일관되게 항상 져 왔던 다나카─후쿠다 전쟁(자민당 권력을 놓고 수십 년간 싸워온 다나카 가쿠에이 파벌과 후쿠다 다케오 파벌의 전쟁. 다나카파의 막강한 지지 기반인 우정郵政 조직을 약화시키기 위해 후쿠다파는 줄기차게 우정 민영화를 주장해옴─역자 주)의 연장전으로 하시모토파를 철저히 뒤흔들고 무너뜨리는 데 성공했다. 마지막으로 웃은 사람은 고이즈미였던 것이다. 하시모토파는 일본치과의사연맹으로부터 검은 자금을 받은 사건이 백일

하에 드러나면서 더더욱 만신창이가 되었다.

　그러나 사회적 공정이라는 시점이 결여된 신자유주의적 입장에 선 정치적 후견주의에 대한 공격은 격차 사회 형성을 가속시키는 것과도 직결되어 있었다. 경제재정자문회의를 이용하여 top-down형의 정책 결정을 실현시킨 고이즈미는 임기 중 매년도 3~4%의 공공사업비 삭감을 실현시켰다. 세출 삭감을 증세보다 우선시키는 '작은 정부' 노선을 관철시킨 것이었다. 또한 이른바 '삼위일체 개혁'도 행해졌는데 실제로는 보조금이나 지방교부세 삭감이 세원이양을 크게 상회하였고 이러한 개혁들은 하나같이 지방 경제에 커다란 타격을 주어 중앙과의 격차가 더 벌어지는 결과를 낳았다.

　마찬가지로 예산을 압박하고 있는 사회 보장 비용을 억제하고자 고이즈미는 복지 분야에도 칼을 댔다. 의료비에 대해 환자 부담과 보험료율은 높이고 아울러 의사의 진료 보수도 같이 내리는 '삼방일량손三方一兩損(세 사람이 똑같이 조금씩 손해를 본다는 뜻-역자 주)' 개혁을 실시하여 후기고령자의료 제도를 창설했다. 연금에 관련해서도 소득세법에서의 노령자공제 폐지와 공적연금 등 공제를 재검토했다.

　또한 불량 채권 처리를 '금융재생 프로그램'에서 추진하고 재산 사정의 엄격화, 금융 기관의 거버넌스 강화 등과 함께 자기 자본 충실을 기하도록 하고 필요에 따라서 공적 자금을 주입했다. 참고로 2003년에 공적 자금 주입을 받은 리소나은행에 국한되지 않고 미쓰이스미토모은행, 미쓰비시도쿄UFJ은행, 미즈호은행 등 메카뱅크가 다시금 법인세를 납세하게 된 것은 민주당 정권 말기인

2012년 이후에나 이루어진 것이다.

나아가 고이즈미는 오부치가 네거티브 리스트화한 파견 노동의 규제를 한층 완화하여 제조업에서도 해금을 실시했다. 이 결과 1985년에는 16%(남성 7%, 여성 32%)였던 비정규 고용 비율이 2005년까지 두 배인 33%(남성 18%, 여성 52%)에 이르며 악화되었다. 이렇게 해서 고이즈미 정권기와 거의 중첩되는 2002년부터 2008년 사이, 73개월간에 걸친 전후 최장의 호경기가 이어져 2006년 기업들은 당시로서 과거 최고 이익을 기록했다. 하지만 노동자들의 임금이 오르는 일은 없었다.

더욱더 벌어지는 격차로부터 눈길을 돌리게 하는 데 기여한 연출 중 하나가 고이즈미의 화려한 '기득권익'과의 대결이었다. 하나같이 하시모토파의 존재감이 높은 도로족(도로 관련 공무원이나 토목업자들과 네트워크를 형성한 족의원-역자 주), 우정족(각 지역의 유지들인 지방 우체국 토호세력 등과 강력한 정치적 카르텔로 연결된 국회의원-역자 주)과 격돌한 도로관계 공단 네 곳과 우정 사업 세 가지의 민영화는 '제2의 예산'이라 불리며 특수법인 등을 지탱해온 재정투융자財政投融資(국가로부터의 자금의 대부·융자. 세 부담에 의하지 않고 국채의 일종인 재정투자채권의 발행 등에 의해 조달된 재원으로서 정책적인 필요성이 있는 것. 민간에서는 대응하기 곤란한 장기 저리의 자금 제공이나 대규모 초장기 프로젝트 실시를 가능하게 하기 위한 투자융자활동-역자 주) 자금의 '출구'와 '입구'를 봉쇄함으로써 민간사업에 가해진 압박을 막아준다는 '대의'가 선전되었다. 하지만 top-down 형태로 '저항세력'을 압박하는 개혁의 기수로서의 고이즈미의 인기 부양 효과 쪽이 개혁의 실질적인 성과 이상으로 명확히 표현되었다고 말할 수 있었다.

그 궁극적 모습이 2005년의 '우정 민영화 국회 해산'이었다. 고이즈미 극장의 클라이맥스가 된 이 총선거에서 고이즈미는 우정 민영화를 단일 쟁점으로 하는 '여성 자객' 대 '저항 세력'의 구도로 미디어 잭Media Jack(독과점 광고. 광고주가 광고를 하기 위해서 전철이나 신문 같은 광고 스페이스를 점령하는 것으로 언제 어디서나 같은 광고를 보게 됨으로써 뛰어난 광고 효과를 얻음—역자 주)에 성공하여 공명당을 포함한 연립 여당으로 3분의 2를 넘어 자민당 단독으로도 300의석에 육박하는 압승을 이끌었다. 소선거구제에서는 자민당과 공명당을 합쳐 49%의 표로 75%의 의석을 얻는다는, 다수파가 아닌 '소수파 지배' 장치로서의 소선거구제 효과가 온전히 발휘된 결과였다.

고이즈미는 이 총선거를 우정 민영화에 대한 국민 투표라고 단언했다. 찬성은 자민당과 공명당 후보뿐이었으며 다른 모든 정당이 반대였다는 것을 생각해보면 현실적으로 국민투표였다면 부결로 끝났겠지만 총선거였기에 압승이었던 것이다.

한편 노련한 미디어 전략 등으로 도시부 무당파 층의 '말랑말랑한 지지' 획득에 성공했던 고이즈미였지만 그 구조 개혁 노선은 구우파 연합의 전통적 지지 기반을 무너뜨리는 것에 의해 자민당 고정표를 위태롭게 하는 것이었음에는 틀림없었다. 그런 가운데 소선거구에서의 창가학회創価学会 표의 무게가 자민당 후보자들에게도 상대적으로 증가해갔고 동시에 '일본회의'에 집결된 종교 우익 조직 등의 국가주의적 정념 동원도 이익 유도를 대치하는 것으로 중요해져 갔다.

야스쿠니 참배, 배외주의, 젠더·백래쉬

국내에서 진행되는 격차 사회라는 현실로부터 국민들의 눈을 돌리게 하는 또 하나의 트릭. 그것은 바로 고이즈미의 야스쿠니 참배로 선동된 군국주의나 중국에 대한 감정 악화였다. 수상 취임 이전(혹은 이후)의 고이즈미에게서 야스쿠니 참배에 대한 강한 집착은 찾아볼 수 없었다. 그러던 것이 당초 자민당 총선거에서, 전 유족회 회장이었음에도 불구하고 총리 재임 중 딱 한 번만 야스쿠니 참배를 한 하시모토에 대항하여 국가주의자인 가메이 시즈카와 연계하기 위해, 느닷없이 '공약'으로 매년 8월 15일 반드시 참배하겠노라고 발언해버렸던 것이 발단이 되었다.

실제로 고이즈미는 의원이나 대신으로서의 경험 중 외교 안보에 대해 이렇다 할 강한 관심을 가지고 있지 않았다. 수상이 될 때까지 야스쿠니 문제가 얼마만큼이나 중국이나 한국의 반발을 초래할지 충분히 이해하지 못했던 것처럼 보인다. 종전기념일을 피하는 배려를 보였다고 본인은 생각했는데, 중국과 한국의 비판이 그치지 않자 오히려 억지를 부리게 되었다는 측면을 부정할 수 없었다. 참배는 '마음의 문제'이기에 이런 저런 소리를 들을 이유가 없다고 도리어 당당하게 나왔던 고이즈미였지만, 그 심정은 오히려 빈약한 것이었다.

물론 중일 간 관계 악화에 대해서는 중국판 신우파 전환이 진행되는 가운데 애국심의 환기에 의해 공산당 독재의 구심력을 확보하고자 했던 장쩌민 국가주석 등 지도부의 움직임이 있었던 것도 무시할 수 없었다(모리毛里 『중일 관계日中関係』 p.154~156). 하지만 고이즈미 정권에서 동북아시아 외교가 전략을 잃고 닥치는 대로 계획성

없이 흘러갔던 것은 덮어둘 수 없는 사실이다.

그러나 국내 정치 관점에서 보면 다나카 가쿠에이나 오히라 등 구우파 연합 리더들이 추진해온 아시아와의 화해, 그리고 나카소네 이후 신우파 연합의 리더들조차 기치로 내걸었던 국제협조주의의 일환으로서의 역사 문제에 대한 접근을 '망치는' 것은 보수 본류 계보의 온건파를 분단 혹은 숙청하고 세이와카이 등 보수 방류에 많은 복고주의적 국가주의자들을 한쪽 날개로 삼아 자민당 내의 신우파 연합을 재구성하는 데 절대적인 효과가 있었다. 우정 민영화 과정에서 최종적으로 고이즈미는 가메이나 히라누마 등의 정치가들과 결별했다. 그러나 다케나카 등의 구조 개혁 노선을 미국 등 다국적 기업에 국부를 팔아넘기는 것이라고 혐오하는 국가주의자들도 야스쿠니 신사에 대해서는 고이즈미에게 갈채를 보내지 않을 수 없었다(나카노中野 「야스쿠니 문제와 마주한다ヤスクニ問題とむきあう」 p.402-408).

고이즈미나 아베 등이 '솔선수범' 해서 만들어낸 '보수 반동'의 흐름은 일본 정치권에만 머무르지 않고 사회에 보다 널리 퍼져갔다. 2000년부터 지방 레벨에서 남녀공동참화조례가 다수 제정되게 되자 눈 깜짝할 사이에 젠더 백래쉬가 시작되었다. 국정 레벨에서 이것을 견인했던 것이 자민당의 아베 등과 더불어 당초엔 민주당에 소속해 있던 야마타니 에리코山谷えり子였다.

이시하라 신타로石原慎太郎 도지사가 꾸려가고 있던 도쿄도에서는 2003년 7월 양호학교에서의 성교육에 대해 일부 도의회의원들이 정치 개입하는 사건이 일어났다. 나아가 10월 식전 등에서의 일장기 계양과 기미가요 기립·제창을 도립 학교 교직원들에게 의무화하는 통지가 전달되어 많은 교원들이 처분을 당하는 사태에 이르렀다(나중에 교육위원회에 의한 엄격한 처분을 재량권의 남용이라 인정하는 판결이 줄을 잇는다).

오사카나 도쿄 등에서 도시 재개발과 관련하여 공원 등 공공 공간에서 자치단체가 노숙자 배제의 움직임을 강화해갔던 것도 이 무렵부터다.

또한 출판계에서 '증오 서적'이란 장르가 생기게 된 계기가 되었다고 지적되는 『만화 혐한류』가 2005년 7월 출판되었다. 일본의 네오 나치로도 비유되는 헤이트(혐오) 그룹 '재일 특권을 허락하지 않는 시민의 모임(재특회)'가 정식으로 발족하고 인터넷에서 가두로 활동무대를 옮겼던 것은 2007년 1월이었다.

아베나 나카야마 나리아키라中山成彬 등 고이즈미 정권의 복수의 관료들이 소장파 의원으로서 관계했던 역사수정주의 백래쉬 개시로부터 10년, 2007년도부터 사용되는 모든 중학교 역사교과서 본문에서 '위안부'에 대한 기술이 다시금 사라졌다. 한편 노나카 히로무 등이 공명당과 연계하여 진행시켜왔던 영주 외국인에 대한 지방 참정권 부여도 고이즈미 정권기에는 완전히 오간데 없는 상황이 되었다.

고이즈미 정권기에 국제협조주의는 바야흐로 흔적도 없이 사라졌다.

동시다발테러와 대미 추종

이런 고이즈미의 외교자세를 전형적으로 나타낸 것이 2005년 11월 16일 조지 부시 대통령과의 미일수뇌회담 직후 공동 기자회견에서 한 아래와 같은 발언이다.

　　미일 관계가 너무 좋거나 너무 긴장되어 있거나 하면 일본
은 방향성을 잃어버리기 때문에 미일 관계는 적당히 좋은 것
이 좋다는 의견이 일부에 있는 것 같지만, 나는 이런 생각은
가지고 있지 않다. 미일 관계가 긴밀하면 긴밀할수록, 중국
이나 한국, 아시아 여러 국가들과의 관계에도 이바지하는 것
이다. 제2차 세계대전의 경험 및 전후 60주년이라는 점, 또
한 과거, 현재, 장래를 고려해도 미일 관계의 중요성은 변함
없다. 어떻게 평화·안전을 확보하고 일본의 안정을 도모할까
하는 관점에서 보았을 때도 미일 관계는 중요하다.

　훗날 고이즈미는 질문에 답변하며 '미일 관계만 좋으면 다른 나
라는 어찌 돼도 상관없다는 말을 나는 한 번도 한 적이 없다. 미
일 관계가 좋으면 좋을수록 각국과도 좋은 관계를 구축해 나가도
록 노력하지 않으면 안 되고, 그것은 가능하다고. 미일 관계를 악
화시켜 다른 국가와 좋은 관계를 구축하려고 한다면, 그런 것은
기대하지 않는 편이 낫다는 것을 말하고자 했을 뿐이다. 미일동맹
과 국제 협조. 이것은 일본의 기본 방침이다. 외교의. 이것은 앞
으로도 바뀌지 않는다'(2005년 12월 14일, 동아시아수뇌회의 직후 내외 기자 회
견에서)라고 해명했다. 그러나 정확히 부시 정권과 겹치는 고이즈미
정권기의 중일·한일 외교의 경시와 단순한 대미 협조나 미일 밀
월을 뛰어넘는 대미 추종 노선으로의 전환이 잘 드러나 있다. 이
것은 경제 분야에서의 구조 개혁 노선에 국한되지 않고 외교 안보

분야에서도 마찬가지였다. 미국 측 역시 고이즈미가 미국의 의향에 따른 개혁을 추진하는 대가로서 야스쿠니 참배 등 역사수정주의 대두를 '건전한 내셔널리즘'의 발로로 간주하고 용인 혹은 환영하는 듯한 자세마저 보이며 대응했다.

애당초 고이즈미 외교는, 괴짜 수상을 '잉태시켜준 어미' 다나카 마키코 외무장관과, 기밀비 등을 둘러싼 불상사가 드러나 버린 외무성이나 스즈키 무네오鈴木宗男 등과의 알력으로 시작되었다. 그리고 얼마 뒤 미국에 대한 동시 다발 테러가 일어나자 바야흐로 외교 안보 정책의 주도권은 하시모토 행정 개혁에 의해 강화되어 있던 수상 관저로 옮겨져 갔다.

한편 중국의 심양瀋陽에 있는 일본국 총영사관에서 북한으로부터의 망명자가 안으로 뛰어 들어가려고 하다가 중국의 무장 경찰에게 구속되는 사건이 발생했다. 그 대응을 둘러싸고 외무부의 이른바 차이나 스쿨에 대한 우익 논단으로부터의 비판이 분출했다. 일련의 혼란은 '국익'을 강조하고 '외교 전략 책정 기능의 강화'를 표방하는 외무성 기구 개혁으로 이어졌으며 결과적으로 외교 안보 정책이 더더욱 신우파 전환을 밀어주는 형국이 되었다.

테러대책특별조치법이 관저 주도로 제정된다. 겉으로는 '비전투지역'이라고 한정되어 있었지만 실제로 전쟁이 일어나고 있는 국가에 자위대가 파견되게 되었다. 미군의 아프가니스탄 탈레반에 대한 군사 행동 협조에 머무르지 않고 부시가(나중에 존재하지 않았다는 것이 명확해 진다) 대량 살상 무기의 무장 해제를 구실로 유엔 안보리 결의를 거치지 않고 이라크 전쟁을 시작하자 즉시 지지를 표명하며 이라크특조법 제정으로 부응했다. 이러한 고이즈미의 대응이 대국적 견지에서의 전략적 판단이 아니라 '걸프전 트라우마'에서 기인한 '강박 관념에 휘둘리는 행동'이라 파악하는 우치야마의 분석은 정곡을 찌른 것이었다고 말하지 않을 수 없다(우치야마内山 『고이즈미 정권小泉政権』 p.131-134).

고이즈미 정권에서 다시 무력공격사태법이나 국민보호법 등의 유사법제의 정비도 추진되었지만 이러한 것들은 민주당의 찬성도 얻은 상태로 진행되었다.

민주당·자유당 합병——대체정당 형성으로의 험난한 노정

한편 자민당을 대신할 수 있는 대체정당으로의 탈피를 목표로 한 민주당은 대동단결을 꾀하며 옛 신진당 계열의 보수파를 흡수한다. 그러자 이번에는 자민당으로부터 국가주의 견제구를 맞아 갈팡질팡 하는 딜레마에 빠졌다. 고이즈미 정권이 탄생하며 '개혁 정당'의 깃발을 자민당이 빼앗는 형세가 되자 바야흐로 당을 운영하기 매우 힘들어지는 상황으로 내몰렸다. 고이즈미 수상 재임 중, 하토야마, 간, 오카다 가쓰야岡田克也, 마에하라 세이지前原誠司, 오자와 등 실로 다섯 명에 이르는 대표가 바쁘게 교체를 거듭했다. 고이즈미에 대한 공격이 얼마나 어려웠는지를 잘 드러내고 있다.

사실 이 시기의 민주당은 양당제로 바뀌는 경향의 상승 기류를 타고 착실히 당세를 확대해가고 있었다. 그것은 자민당이라기보다는 야당 진영의 다른 정당, 특히 사민당이나 공산당으로부터 의석을 탈취해오는 형태를 취하고 있었다. 그야말로 정당 시스템 전체의 신우파 전환이 더욱 진척되고 있는 양상이었다. 고이즈미 정권이 발족되고 나서 곧바로 치러진 2001년 참의원 선거에서는 자민당, 민주당, 자유당이 모두 3, 4 의석씩 개선 의석을 추가하는 한편, 공산당과 사민당이 제각각 3, 4 의석씩 줄었다.

그리고 2003년 자유당이 민주당에게 통합되는 '민주당·자유당 합병'이 감행된 후, 중의원 선거에서 민주당은 40 의석을 추가하는 약진을 거두었다. 이것은 자민당이 10 의석 감소된 것에 대해 사민당이 12 의석 감소, 공산당이 11 의석 감소된 결과로, 정당 시스템이 더 한층 우경화하는 전체상 속에서 일어난 일이었다. 아울러 2004년 참의원 선거에서는 마침내 민주당이 개선 의석에 12 의석을 추가한 50 의석을 획득하고 개선 의석 1 의석이 감소된 고이즈미 자민당의 49 의석을 상회하는 '승리'를 거두었던 것이다. 이때도 공산당이 11 의석을 잃고 있다.

2003년 중의원 선거 이후 민주당은 매니페스토Manifesto를 전면에 내걸며 선거전을 싸워내고 있었다. 2004년 참의원 선거에서도 개혁 정당을 표방하는 양대 정당에 의한 신자유주의적인 '정권 선택' 선거의 쟁점 설정에 사민당과 공명당을 비롯한 약소 정당들은 무력해졌다.

이러한 흐름 속에서의 2005년 '우정 민영화 국회 해산'에 의한 자민당의 압승은 민주당에게 엄청난 좌절이었고 동시에 기본적으로 같은 방향, 요컨대 신우파 전환을 지향하는 양대 정당제가 얼마나 취약한 것인가를 드러낸 것이었다.

그러나 여기서 과거 신우파 전환의 리더였던 오자와가 신생당, 신진당, 자유당을 거쳐 2006년 민주당 대표의 자리에 앉게 된다. 그리고는 대미 추종적인 신자유주의와 복고주의적 국가주의적 경향이 유독 두드러지게 된 자민당과 명확히 대치하는 길을 선택하여 '국민의 생활이 제일'이라는 노선으로 크게 방향 전환을 추진해 갔다. 55년 체제에서의 만년 야당opposition이었던 사회당보다는 상당히 오른쪽으로 옮겨진 정책 위치에 서 있긴 했지만 신우파 연합이 승리를 거둔 자민당에 대항하는 대체정당alternative으로서 민주당이 일단 그 형태를 갖추었다.

2 아베 정권──그리고 '반자유 정치'가 출현했다

포스트 냉전시대의 복고적 국가주의 프린스

고이즈미로부터 사실상의 후계 지명을 받았던 것은 '쇼와의 요괴'라 불린 기시 노부스케의 손자, 아베 신조였다. 아베는 전후 태생의 첫 수상이었을 뿐만 아니라 1993년 처음으로 당선된 포스트 냉전기의 정치가였다. 정계 입문 전 아버지 아베 신타로安倍晋太郎(중의원 의원, 후쿠다 다케오 내각에서 내각관방장관, 나카소네 야스히로 내각에서 외부대신 등 역임. 기시 노부스케의 사위-역자 주) 밑에서 외교대신 비서관을 역임했던 것도 신우파 전환을 시작했던 나카소네 야스히로 정권에서의 일이었다. 이것은 아베 정권의 신우파적 성격과 밀접히 연관되어 있다.

정치가로서의 아베의 경력은 야당 의원으로 시작되었다. 그뿐만 아니라 자민당이 하야하기 직전에는 서둘러 고노 담화가 발표되었고 호소카와 수상은 '침략 전쟁'이란 발언을 했으며 가까스로 자민당이 정권 복귀를 이루어냈던 것은 사회당 무라야마를 전면에 내세워서야 가능했던 일이었다. 전후 50주년의 '국회부전결의

国会不戦決意'에 아베는 최전선에 서서 반대한다. 하지만 그 사이 무라야마 담화가 내각회의에서 결정되어버린다. 그 후 아시아 여성기금, '위안부'가 들어간 모든 종류의 중학교 역사 교과서가 출판되는 등, '위안부' 문제에서도 아베는 연속적으로 '패배'를 맛보았다. 훗날 '일본을, 되찾는다'를 선거 슬로건으로 삼았던 것은 민주당에서 정권을 탈환하지 않으면 안 된다는 결의를 나타낸 것만이 아니었던 것이다. 그러한 아베가 1997년부터 역사수정주의 백래쉬의 소장파 기수 중 한 사람이 된 것에 대해서는 이미 제2장에서 언급했던 대로다.

아울러 아베의 급속한 출세는 북한에 의한 납치 피해자 문제의 전개와도 결코 무관하지 않다. 냉전기에 사회적 반향이 희박했던 납치 문제가 급속히 주목을 받기 시작한 것은 동북아시아 정세가 유동적이 된 1997년경부터의 일이다. 특히 2002년 9월 고이즈미가 전격적으로 북한을 방문하여 평양 선언을 한 이후 '특히 한반도나 중국에 대해서는 항상 가해자로서 반성해야 한다는 압박감을 지속적으로 받아왔던 일본이 전후 처음으로 '피해자'의 입장이 된 사실로 인해 얻게 된 울적함과 뒤틀림을 동반한 '반 북한 내셔널리즘'(아오키 오사무青木理 「르포 납치와 사람들—구출 모임·공안 경찰·조총련ルポ 拉致と人々·救う会公安警察·朝鮮総聯」 p.13)이 불타오르며 북한에 대한 강경파로서 명성을 떨쳤던 아베의 인기는 눈 깜짝할 사이에 치솟아버렸던 것이다.

이렇게 해서 철두철미한 '피해자 의식'에 뒷받침된 아베나 그 맹우들 포스트 냉전 신세대의 복고적 국가주의는 황국 일본이 근대화 과정에서 싸웠던 모든 전쟁은 '나라를 걱정했기' 때문에安国/靖国

즉 평화를 위한, 자존 자위를 위한 전쟁이었다고 하는 '야스쿠니 사관'의 '피해자 의식'(나카노 「야스쿠니 문제와 마주하다」 p.394–401)과 완전한 일치를 보았던 것이다.

글로벌화 시대 국가주의의 특성

다른 한편으로 아베 본인이 거듭 반복해서 동경의 마음을 나타내고 있는 조부 기시 노부스케와의 커다란 차이를 통해 아베의 국가주의에 보이는 신자유주의적 특성을 파악해낼 수 있다.

기시는 학창 시절 기타 잇키北一輝(2·26 사건의 사상적 배우자로 지목되어 사형된 인물. 2·26사건은 1936년 군부의 보수 파벌 중 하나인 황도파皇道派 청년 장교들이 천황 친정 체제를 확립하여 국체를 바로 세워야 한다고 주장하며 일으킨 쿠데타—역자 주)의 국가사회주의의 영향을 받았고, 태평양 전쟁 이전에 상공성商工省 혁신 관료로 통제 경제를 지휘하며 만주국 경영에 임했다(하라 요시히사原彬久 「기시 노부스케-권세의 정치가岸信介-権勢の政治家」 p.23–76). 전후에도, 혹은 공직 추방 해제 직후에도 사회주의자들과의 연계를 모색했고 우파 사회당에 대한 입당을 타진했을 정도다. 보수합동 노선으로 바뀌고 나서도 '헌법개정이나 방위력 증강보다도 '계획성'의 틀 안에서의 '자유 경쟁', '복지국가 실현', 생산력 증강을 위한 노사 협력 등'을 중시했다(나카키타 고지中北浩爾 「1955년 체제의 성립—一九五五年体制の成立」 p.125).

기시가 초대 간사장 자리에 올랐던 자유민주당 결당시의 강령이 '우리 당은 공공복지를 규범으로 하고 개인의 창의와 기업의 자유를 기저로 하는 경제의 종합 계획을 책정 실시하고, 민생의 안정과 복지국가 완성을 기한다'라고 강조하고 있었던 것에는 이러한 배경이 있다. 이러한 기시 등 구세대 국가주의자들의 발상이, 강한 국가를 위해 강한 국민이 필요하다는 경제적 판단이 아니라, 혁신 세력이 심각한 위협이 되고 있던 시절에 계급투쟁을 약화시키고 '하나의 국민One Nation'으로서의 의식을 환기하는 것이 불가결하다는 정치적 판단에 의거하여 구우파 연합 형성으로 향해갔다는 것은 이미 제1장에서 논한 그대로다.

이와는 대조적으로 고이즈미 정권에서 아베가 내각관방장관을 역임했을 때 결당 50주년을 계기로 채택된 신강령(2005년 강령)에서는 '작은 정부를'이라는 항목이 만들어졌다. '우리들은 국가, 지방을 통해 행정 개혁, 재정 개혁을 정치의 책임으로 철저히 추진하여 간결과 생략을 위주로 행정의 비대화를 막고 효율적이고 투명도 높은 신뢰받는 행정을 목표로 합니다'라고 규정하고 있을 뿐이다. 그 외에는 저출산 대책 추진에 의해 '지속 가능한 사회 보장 제도를 확립'하겠다는 항목이 있는 정도였다. 사실 아베는 젊은 시절 후생족(의사 집단 등과 연계되어 의료계의 이익을 대변하는 족의원—역자 주)이라는 말을 들었던 것치고는 제1차 정권에서 '야근수당 제로법'인 화이트칼라 이그젬션white collar exemption(사무직 등 화이트칼라 노동자에 대한 노동시간 규제를 적용 면제하는 제도로 '화이트칼라 노동시간 규제 적용 면제제도'—역자 주) 도입을 획책하고 연금기록문제(연금기록 대거 분실 문제—역자 주)를 경시하여 민의의 이반을 초래했을 정도다. 국민 통합의 물질적 내실을 보증하기 위한 사회 경제 정책에 대한 관심이 희박했던 것이다.

'전후 체제 탈피'를 서둘렀던 아베는 겨우 1년간의 재임 기간 중 교육기본법을 개정하고 '내 나라와 고향을 사랑하는' 태도를 기르는 것을 교육의 목표에 담아냈다. 방위청을 방위성으로 격상시켰으며 개헌 프로세스를 가능하게 하기 위한 국민투표법을 제정하고 교원면허갱신제를 도입하여 교육의 정부 통제를 강조, 나아가서는 집단적 자위권 행사 용인을 위한 검토에 착수했다.

이러한 아베의 신우파 어젠다에 주식회사 캐논Canon 출신의 미타라이 후지오御手洗冨士夫가 회장을 역임하고 있던 일본 경단련이 호응했다. 2007년 경단련의 정책 제언에는 '새로운 교육기본법의 이념에 근거하여 일본의 전통이나 문화, 역사에 관한 교육을 충실히 하고 나라를 사랑하는 마음과 국기·국가를 소중히 여기는 마음을 기른다. 교육현장뿐만 아니라 관공서나 기업, 스포츠 이벤트 등 사회의 여러 현장에서 일상적으로 국기를 게양하고 국가를 제창하며 이것을 존중하는 마음을 확립한다'(『희망의 나라, 일본, 비전 2007 希望の国、日本 ビジョン2007』)라는 한 구절이 들어갔다. 아이러니하게도 당시 캐논은 외자 비율이 50% 전후로 변하고 있는 글로벌 기업으로 일본 국내에서는 위장 청부 문제로 근로자 파견법 위반 등이 문제시되고 있었다.

이것은 '걸프전 트라우마'를 계기로 하는 국제협조주의의 군사전환 이후, 안보 정책의 목적이 일본이라는 국민국가의 방위에서 시장 경제 질서 유지 쪽으로 바뀌고 있던 것을 반영하고 있었다(사이토 『르포 개헌 조류』 p.87). 좀 더 분명히 말하자면 안보가 지키려 하는 대상이 국민국가로부터 글로벌 기업으로 바뀐 것이지만 이런 사실을 감추기 위해서 고의적으로 내셔널리즘 선동이 행해지게 되었다는 사실을 간과할 수 없다.

한편 고이즈미 정권기와 마찬가지로 미국의 부시 정권이 이것을 '건전한 내셔널리즘'의 표출로 계속해서 용인해왔음은 물론이다. 그러나 의회 쪽에서는 이미 고이즈미의 야스쿠니 참배를 비롯한 일련의 역사수정주의적 움직임에 대한 반발이 퍼져갔다. 2007년 7월 말, 미국 하원은 '위안부'에 대한 사죄 등을 촉구하는 결의안 121호를 가결시켰다. 같은 해 9월 미일동맹, 아시아 태평양 지역의 안정에 기여하는 일본, 그리고 '대 테러' 전쟁에서의 일본의 공헌을 평가하는 결의(508호 결의)를 미 하원은 가결하고 아베 정권에 대한 일정한 배려를 보이는 형태를 취했다. 그러나 군사 측면 등에서의 대미 추종을 빌미로 역사수정주의에 대해 관대히 봐줄 것을 바라는 수법에는 한계가 있다는 것이 분명해지고 있었다.

2007년 참의원 선거로 시작된 회귀

그러나 '아름다운 나라로' 아베가 너무 매진한 나머지, 잃어버린 연금기록들이나 격차 사회 등의 문제에 대해 대응을 소홀히 해왔던 것, 그리고 국가주의자로서는 아베의 형님 격이라고 할 수 있는 맹우 에토 세이치衛藤晟一(아베의 측근 보좌관으로 강성의 정치인. 중의원의원—역자 주)를 포함한 '우정郵政 정책 반란 팀'(2005년 우정 민영화 법안이 심의 채택된 국회에서 우정 민영화 법안에 반대했다는 이유로 자민당으로부터 탈당 처분에 처해진 정치가들—역자 주)의 복당을 허락했다는 것, 아울러 각료들의 사무실 비용 문제나 실언 등이 잇달아 아베는 급속히 지지율이 떨어져 갔다.

이렇게 해서 맞이한 2007년 참의원 선거 결과는 민주당이 처음으로 자민당으로부터 비개선 의석(6년 임기의 참의원은 3년에 한 번씩 절반의 의원만 선거를 치르기 때문에 해당 선거로 새로 뽑히는 자리를 개선, 그렇지 않은 자리를 비개선 의석이라 부름—역자 주)을 포함하여 참의원 제1당의 자리를 빼앗는 압승을 거두었다. 자민당과 공명당 연립 여당을 포함해도 과반수에 크게 미치지 못하는 '뒤틀림 국회'가 다시 한 번 도래한 것이었다. 또한 이때 처음으로 자민당이 잃은 의석수와 민주당이 승리해서 빼앗은 의석수가 거의 일치하는 상황이 나타났다. 하지만 양대 정당의 정면 대결 앞에 희미해졌던 사민당과 공산당은 더더욱 의석수를 줄였다. 어쨌든 이것으로 고이즈미로부터 시작된 신우파 전환의 엄청난 파도는 일단 진정되었다.

당초 아베는 역사적인 참패에도 불구하고 계속 간판에 서서 싸울 것을 결의했다. 내각을 재구성하고 국회를 개회하여 소신 표명 연설을 마쳤지만 대표 질문을 바로 앞둔 단계에서 느닷없이 사임을 표명하고 입원해버렸다. 수상 임시 대리도 두지 않았기 때문에 약 2주일간, 일본의 총리대신이 사실상 부재하는 상황이 되었다. 애국자를 자칭하는 아베로서는 국가 위기 관리 관점에서 봤을 때 너무나도 허술한 말로였다. 너무 엄청난 실수를 저질러버렸기에 이 시점에서 아베가 5년 후 다시금 정권에 복귀할 수 있게 되리라고는 아무도 생각하지 않았다.

아베의 후임에는 모리 요시로부터 헤아려 네 사람 연속해서 세이와카이 출신인 후쿠다 야스오福田康夫(제91대 내각총리대신. 대표적인 매파 정치인인 제67대 내각총리대신 후쿠다 다케오의 아들─역자 주)가 아소 다로를 물리치고 취임했다. 아베에 이어 과거 총리의 아들이나 손자라는 '슈퍼 세습' 의원으로서는 2인 연속이었다(나아가 이 후, 아소 다로, 하토야마 유키오 등 이 역시 4인 연속이다). 그 배경에는 자민당에서도 정치계 전체에서도 인재가 고갈된 상태였다고밖에는 말할 수 없는 상황이 있었다. 다케시타파나 오부치파 계보의 헤이세이연구회는 이 무렵 탈당 경험자로 원래는 고치카이 출신이었던 쓰시마 유지津島雄

二가 회장이 되어 있을 정도였다. 누카가와 후쿠시로額賀福志郎가 출마 의욕을 보였지만 아오키 미키오의 협력을 얻지 못해서 독자 후보를 옹립할 수 없는 총재 선거가 되었다. 한편 과거의 고치카이는 아소(구 고노) 그룹으로부터 아베에 가까운 아소가 입후보했고 가토의 난으로 분열한 상태로 있던 다니가키谷垣派와 고가파古賀派가 모두 아소와 대립해서 후쿠다 지지로 돌아섰다.

고이즈미 구조 개혁의 부負의 유산과 아베의 국가주의 노선의 수정이라는 과제에 대처하기 위해서도 '뒤틀림 국회'의 현실이 후쿠다를 무겁게 짓눌렀다. 요미우리신문그룹読売新聞グル-プ本社 회장이자 주필이었던 와타나베 쓰네오渡邉恒雄가 중간에서 거든다고 하는 놀라운 전개 속에서 우선은 오자와와 직접 '대연립 구상'이 추진되었지만 좌절되었다(2007년의 대연립 구상은 자민당과 민주당 사이에서 거론된 대연립내각에 대한 구상. 2007년의 '뒤틀림 국회'로 인해 정권 운영에 고심하고 있던 내각총리대신 후쿠다 야스오가 야당 제1당인 민주당 대표 오자와 이치로에 의한 정책 면에서의 몇 가지 요구를 수용하고 양 당수 사이에서는 대연립이 합의에 이르렀지만 민주당 내의 맹렬한 반발에 의해 구상은 좌절됨. 요미우리의 와타나베는 '대연립구상의 장본인'으로 불렸음—역자 주). 결국 민주당의 찬성을 얻지 못했던 '신 테러대책특조법'에 대해서는 참의원에서의 부결을 중의원 3분의 2의 재가결로 성립시켰다. 그러나 재가결이라는 수법을 사용할 수 없는 국회 동의 인사 발령이나 참의원 문책 결의가 다시 한 번 후쿠다를 급속히 궁지로 몰고 갔다.

이런 과정 속의 일련의 흐름은 대체정당으로서의 민주당의 지속가능성에 여러 가지 의미에서 의문을 품게 하는 프로세스이기도 했다. 우선은 후쿠다라는 비교적 온건하고 견실한 구식 기질의 수상이 자민당 측에서 탄생하자 순식간에 양대 정당제 폭이 좁아지고 대연립에 이르는 가능성이 나왔다는 것은 양대 정당제가 약속할 수 있었던 경쟁이나 선택이 그 얼마나 허약한 것인지 절로 드러냈다. 또한 그렇게 정책적인 입장에 큰 차이가 없을 거라면 도대체 무엇을 위한 반대이며 재가결인 것인가. 중견의 민주당 소장파 의원들 중에는 '신 테러대책특조법'에 내심 찬성하고 있는 마에하라 세지 등 보수계·대미 추종 노선의 의원들도 적지 않게 존재했던 것이다.

매스컴은 '결정짓지 못하는 정치'라고 반복할 뿐, 정책 논쟁을 심화시키지 않고 '결정지을 수 있는 정치'에 대한 기대감을 선동시키는 일에만 오로지 열중하고 있었다. 한편 국제협조주의의 요건을 충족시키지 않는다며 오자와가 '신 테러대책특조법'에 대해 반대를 관철시킨 것이 민주당에 대한 미국의 불신감을 심화시켰다는 사실은 의심할 여지가 없다. 이런 사실과 정권 교체 후 미국 정부가 후텐마기지普天間基地 이전 문제(오키나와 현 기노완 시에 있는 주일 미국 해병대의 후텐마 비행장의 폐쇄와 이전을 둘러싸고 1995년부터 진행 중인 관련 사건들–역자 주) 등 대일본 정책에 있어서 계속 완강한 태도를 취했던 것은 결코 무관하지 않을 것이다.

사회보장국민회의를 열어 현역 세대도 시야에 넣은 사회보장 기능 강화 검토를 시작하거나, 소비자청 창설을 위해 움직이거나, 신우파 전환으로부터의 회귀 시기에 새로운 정책을 모색한 측면도 있었던 후쿠다였지만, 중의원 임기 만료가 다가온 가운데 지지율이 회복되지 않는 사태에 직면하게 된다. 아이러니하게도 아베와 마찬가지로 내각 개조를 통해 재출발을 기할 예정이었지만 재임 1년을 막 맞이하려고 하던 순간 사의를 표명해버린다.

후쿠다 뒤를 이은 사람이 아베와 아마도 겹치는 복고적 국가주의자들의 지지를 얻었던 아소 다로였다는 사실. 바로 이 점에 바야흐로 신우파 연합 이외에 지속적인 정권 기반이 존재하지 않는 자민당의 모습이 드러났다고 말할 수 있을 것이다. 총재 선거를 화려하게 치르고 새로운 아소 수상을 맞이하여 지지율이 올랐을 때 갑자기 국회를 해산하고 총선거에 돌입할 계획이 수립되었다. 하지만 그런 계획이 틀어져 버린 이유는 무엇보다 총재 선거 분위기가 그다지 살아나지 않았다는 점에 있었다. 그러나 무엇보다도 리먼 쇼크가 발생하여 세계 금융 위기로 다함께 휩쓸려갔던 이유가 컸다고 할 수 있다. 결과적으로 아소 다로는 조기 해산이라는 카드를 쓸 기회를 놓쳐 버렸던 것이다. 기껏해야 정액급부금(자민당의 경기부양책으로 2조 엔이라는 거액의 예산을 사용하여 각 세대주에게 약 1만 2천 엔의 현금을 지급하여 경기 활성을 도모한다는 정책—역자 주) 등의 경기 대책으로 정권 유지의 소망을 이어갔다. 그러나 결국 수상 자신의 자질 문제도 있어서 지지율은 밑바닥을 헤어나지 못한 채 임기 만료가 다가왔고 그런 와중에 떠밀려서 2009년 한여름에 총선거를 치르게 되었다.

민주당에 의한 '정권 교체'와 그 붕괴

결과는 2005년 우정 민영화 선거를 완전히 180도 뒤집는 형국으로 자민당과 공명당 양당으로부터 합계 200 의석 가깝게 민주당이 탈취하여 308 의석을 획득했다. 선거 슬로건으로 내걸었던 '정권 교체'가 실현된 것이다. 민주당에 대해서는 마지막 장에서 상세히 서술할 예정이기 때문에 여기서는 깊이 들어가지 않겠지만, 과거 민주당 결성에서부터 손꼽아보면 13년, 야당으로서 자민당의 대체정당이 될 것을 목표로 삼아왔던 것이 바야흐로 그 결실을 맺었던 것이었다.

그러나 신우파 전환을 이루어냈던 자민당에 비하면 전반적으로 국제협조주의에 그 뿌리를 두었던 자유주의적 경향이 강하다고는 해도 민주당은 마쓰시타정경숙松下政経塾(공익재단법인 마쓰시타정경숙은 파나소닉의 전신인 마쓰시타 전기산업의 창업자 마쓰시타 고노스케松下幸之助에 의해 1979년 설립된 정치학교로 사회 지도자 양성소의 일종—역자 주) 계통의 중견의 소장파 정치가들을 중심으로 대미 추종 노선의 신우파 세대도 다수 포함하고 있었다. 실제로 정권 교체 후 3년 3개월 동안 신우파 전환을 회귀시킨 부분과 오히려 앞으로 추진해버린 부분이 혼재되어 있었던 것이 현실이었다. 오자와만 해도 '국민의 생활이 제일' 노선으로 바뀌었다고는 해도 소선거구제를 단연코 지지하는 태도 등은 그 옛날의 신우파 연합 리더로서의 측면이 완전히 사라져 버린 것도 아닌가 하면 구우파적 정치 수법을 버린 것도 아니었다.

'매니페스토'를 내건 '정치 주도(정치가 주도)', 수상에 대한 권한 집중, 정부 여당 일체화 등의 시도는 하나같이 정치의 신자유주의화를 한 단계 더 앞으로 추진하는 방향으로 작용했다. 또한 나중에 제2차 아베 정권에서 문제가 된 집단적 자위권 행사 용인에 대한 해석개헌과의 관련에서는, 헌법이나 법률에 대한 정부 공식 해석의 책임을 내각 법제국에서 정치가로 옮긴 것 역시 민주당 정권이 최초였다.

어쨌든 하토야마 내각이 어이없이 무너지고 그 뒤를 이은 간 나오토가 권력 기반을 하토야마와 오자와와의 연계(이른바 '트로이카 체제')에서 신우파적 경향이 강한 '칠봉행七奉行(민주당의 차세대를 담당하는 유력 의원 그룹에 대한 호칭−역자 주)' 세대(오카다, 마에하라, 노다 요시히코野田佳彦 등)와 재무성으로 바꿈으로써 정권 연명을 획책하는 가운데, 소비세 증세나 TPP(환태평양 경제동반자 협정) 교섭을 향한 사전 협의로 뱃머리를 틀어갔다.

그 후 간 나오토는 동일본대지진과 도쿄 전력 후쿠시마 제1원전 사고에 대한 대응에 쫓기게 되며 여러 가지 비판에 직면하여 퇴진할 수밖에 없는 상황으로 몰린다. 그리고 노다가 후임 수상의 자리에 앉자 '국민의 생활이 제일' 노선의 전면적 퇴진은 결국 결정적인 것이 되었다. 자민당에 대한 대체정당이라는 사실을 방기한 노다 정권은 살금 살금 오오이大飯 원자력 발전소를 재가동하고 민주당·자민당·공명당 3당 합의에 바탕을 둔 소비세 증세 관련 법안의 중의원 채결 외, 센카쿠 열도의 국유화, 집단적 자위권 행사 용인, PKO에서의 무기 사용 기준 완화 등을 향한 준비를 추진하는 등, 일련의 신우파 어젠다를 향하여 나아갔다.

민주당이 '자민당 노다파'로 변질되어가는 과정에서 오자와 등의 정치인이 탈당하고 여러 당들이 난립하는 혼탁함 속에서 2012년 12월 총선거가 치러졌다.

'일본을, 되찾는다.'

다시 한 번 180도 뒤바뀌는 형국이 되었다. 자민당은 2005년의 우정 민영화 선거와 거의 비슷한 엄청난 압승을 거두며 정권에 복귀했다. 자민당·공명당 연립 여당을 합치면 3분의 2가 넘었다.

재가결에서 '뒤틀림 국회'에 대응할 수 있는 태세도 갖춰졌다.

그러나 그것만이 아니었다. '일본을, 되찾는다'를 선거전의 구호로 삼아 자민당을 이끌었던 것이 바로 아베였던 것이다. 야당 시절 대부분을 총재로서 지냈던 다니가키 사다카즈는 과거의 고노와 마찬가지로 총재 선거 재선에 대한 출마 단념에 몰리게 되었다. 의원 표에서 이긴 아베가 가결 투표에서 이시바 시게루石破茂를 물리치고 총재로 화려하게 되돌아왔던 것이다.

제1차 정권의 막을 그토록 어이없는 모습으로 마감했던 아베가 놀랄 정도로 화려하게 복권할 수 있었던 배경에는 두 가지 요인이 있었다.

첫 번째는 신우파 전환이 관철되어 있었다고 표현할 수 있는 의회 자민당이 야당으로서 더더욱 우경화되었다는 현실이었다. 자민당 내에서 구우파 연합을 지지해온 비교적 온건하고 리버럴한 '보수 본류'의 고치카이와 게이세이카이의 계보는 이미 흔적도 없이 약체화되어 있었고 그를 대신하여 '진 보수真保守'를 자칭하는 신우파 연합이 주류를 이루고 있었다.

그 대표적인 예가 제1차 아베 정권 붕괴 후 나카가와中川나 히라누마平沼가 중심이 되어 설립한 '진 보수 정책연구회真保守政策研究会'를 전신으로 하여 민주당 정권 성립 후 나카가와가 낙선하고 사망한 후에 아베가 회장이 된 '창생「일본」'이었다. 그 운영 방침의 전문은 아래와 같이 주장하고 있다.

지금 우리나라에서는 작년 가을 탄생한 민주당 정권이 정치 주도라는 미명 아래 우리나라의 주권, 국권, 국익을 해치는 정책을 계속 추진 중이다.

안보 면에서는 미일동맹을 해치고 국제적 고립으로의 길로 나아가고 있으며 사회 정책 면에서는 재정 적자를 더더욱 악화시키는 퍼주기 식 정치를 심화시키고 있다. 부부 별성이나 영주 외국인 지방 참정권 등 가족이나 국가의 골격을 위태롭게 하는 정책을 추진하고자 하고 있다.

우리들은 이러한 잘못된 정치의 폭주를 저지하고 사랑하는 일본을 지켜나가지 않으면 안 된다.

한편으로 우리들은 전후 단 한 번도 헌법을 개정하지 않고 자신의 나라를 자신의 힘으로 지키는 것도, 자랑스러운 역사와 전통을 학교 교육을 통해 다음 세대의 아이들에게 전하는 것도, 공무원 제도를 포함한 행정 개혁 등도 충분히 이루어낼 수 없었던 책임을 강하게 자각하지 않을 수 없다.

자랑스러운 독립국가로서 부활하기 위해서는 무엇보다 이러한 '전후 체제'로부터 탈피하지 않으면 안 된다.

그것은 동시에 국민 한 사람 한 사람이 진정한 보수주의의 근본이념 아래 황실을 받들고 역사와 전통을 가진 우리나라에 대한 자신과 자부심을 되찾으며 경제 사회 발전을 기하고 평화롭고 풍요로운 세계를 목표로 삼으며 꿈과 희망과 자부심을 가질 수 있는 일본을 구축해가는 것이기도 하다.

우리들은 이러한 인식으로부터 지금 동지들과 함께 '창생「일본」' 아래 결집하여 새로운 정치 실현에 전력을 다해 임할 것이다.

최종적으로 아베에게 총재 선거 출마를 결의하게 하고 제2차 정권에서 내각관방장관이 된 스가 요시히데菅義偉를 비롯한 아베의 심복들이 하나같이 간부나 멤버로 소속되어 있었다. 이들은 신우파 재계인이나 지식인, 미디어 관계자들과 연계하면서 설마설마 했던 아베의 복권을 현실로 만들며 정부·여당의 핵심적인 자리를 차지해갔다. 그들은 '쇼크 독트린' 그 자체였다. 지진이나 원자력 발전소 사고의 책임을 송두리째 민주당에게 뒤집어씌우더니 망연 자실해 있는 국민 심리에 편승하여 '전후 체제'로부터 탈피할 '찬 스'를 손에 넣었다(나오미 클라인Naomi Klein 「쇼크 독트린THE SHOCK DOCTRINE THE RISE OF DISASTER CAPITALISM」).

민주당 총체적 붕괴의 귀결

또 하나의 요인은 정치 개혁 이후 추구되어온 '정치의 자유화' 즉 유권자의 정권 선택이 가능한 경쟁적 정당 시스템이, 민주당 정권의 좌절과 함께 붕괴된 것이었다. 2012년 총선거에서 자민당 의 압승 이상으로 충격적이었던 것은 민주당의 괴멸적인 대패였 다. 민주당은 2005년도에 참패한 우정 민영화 선거 때의 절반밖 에 되지 않는 겨우 57 의석에 그치는 대패를 맛봐야 했다. 자민당 이 승리할 거라는 것은 노다가 해산 총선거 결단을 내리기 이전부 터 이미 명백했다. 9월 총선거 단계에서 자민당에는 이미 국민적 인기가 높은 총재를 뽑지 않으면 안 될 이유가 없었던 것이다. 이 때문에 일반 당원 투표에서 이시바보다 거의 더블 스코어의 큰 차 이로 2위에 만족해야만 했던 아베가 의원 표의 힘으로 역전 승리 를 거둘 수 있었다.

실은 정계 재편이 시작된 1993년 무렵부터 투표율은 밑바닥에서 허우적대고 있었다. 예외적으로 55년 체제하의 수준으로까지 올라갔던 것이 2005년(우정 민영화 선거)와 2009년(민주당 정권교체) 총선거였다. 소선거구제의 작용에 의해 결과적으로 한쪽 편의 압승으로 끝났다고는 해도 양대 정당이 피 말리는 경쟁을 해야 했다.

그러나 2009년에 42.4%, 2005년도에도 31%였던 민주당 득표율이 2012년 16%까지 곤두박질친 가운데(득표율은 모두 비례대표제), 투표율은 당시 사상 최저인 59.3%까지 떨어졌다.

이렇게 해서 민주당에 대한 지지가 멜트 다운을 일으켜 여러 당들이 난립하고 투표율이 저하된 결과, 자민당은 2012년 정권 복귀 시에 2009년의 참패·하야했을 때보다도 200만표 이상(비례대표제) 표가 줄어들었음에도 불구하고 소선거구제의 '마법'에 의해 의석수에서 압승을 거두었던 것이다.

말하자면 대체정당으로서 육성되었던 민주당이 유권자들에게 계속 기피되고, 여러 당들이 난립하는 상태 속에서 염증을 느낀 유권자들이 투표소에 향하지 않는다면 적극적인 지지를 획득하지는 못하더라도 자민당이 계속해서 이길 수 있는 정치 시스템이 완성되었던 것이다. 선거 제도가 상이하다고는 해도 참의원 선거에서도 마찬가지로 소선거구제(지방1인구)가 자민당에게 유리하게 작용하여 자민당·공명당 연립 여당은 2013년, 전후 세 번째로 낮은 투표율로 대승을 거두어 '뒤틀림 국회' 해소에 성공했다. 또한 2014년에 느닷없이 아베가 해산 총선거를 시도했을 때도 전후 최저 기록을 대폭 갱신하는 52.7%의 투표율 가운데 자민당·공명당 연립 여당으로 3분의 2를 유지하는 압승을 재현했다.

실제로 기권자도 모수에 넣었을 경우, 모든 유권자 가운데 과연 얼마만큼의 사람들이 비례구에서 자민당 내지는 자민당 후보자에 표를 집어넣었는지 계산해보자(절대 득표율). 2012년, 2013년, 2014년의 3번의 국정 선거에서는 16%부터 17.7%까지 사이에서 거의 움직임이 없다. 이것은 2000년 모리 요시로 정권에서의 중의원 선거(16.9%), 고이즈미가 민주당에게 뒤쳐졌던 2004년 참의원 선거(16.4%), 제1차 아베 정권이 실패한 2007년 참의원 선거(16%), 아소 다로를 내세워 민주당에게 정권을 빼앗겼을 때인 2009년 중의원 선거(18.1%) 등 거의 변함이 없는 것이다.

요컨대 자민당은 6명 중 거의 1명의 유권자에게만 적극적 지지를 받고 있을 뿐이다. 그러나 유효한 대항 세력이 존재하지 않는 지금이기 때문에 자민당과 공명당을 합쳐 중의원에서 3분의 2, 참의원에서 과반수를 확보할 수 있는 것이다. 우경화한 유권자들이 아베의 재등판을 갈망했던 것이 아님은 투표율이나 자민당의 낮은 득표수가 나타내고 있다. 또한 그것은 제2차 아베 정권의 내각 지지율이 비교적 높은 레벨에서 변화하고 있음에도 불구하고 각종 여론 조사에서 특정기밀보호법, 집단적 자위권, 소비세 증세, 원자력 발전소 재가동 등 개별 중요 정책에 대한 유권자들의 태도가 정부 방침과 놀라우리만큼 괴리를 보이고 있는 점에서도 드러나고 있다고 말할 수 있을 것이다.

위성정당의 탄생과 '반자유 정치'

그러나 1980년대경부터 국제협조주의의 발흥에 떠밀려 시작된 '정치의 자유화'가 제2차 아베 정권 성립으로 '반자유 정치'로 바꿰어버렸다고 말하지 않을 수 없는 데에는 더 큰 이유가 있다. 그 것은 2012년 중의원 선거 결과, 야당 시절 우경화를 추진했던 자민당이 정권 복귀했다는 점에 그치지 않고 정당 시스템 전체가 한 층 우경화되었기 때문이다.

애당초 민주당에서 살아남은 그룹의 중심은 '자민당 노다파'라고 불린 노다 정권의 민주당·자민당·공명당 3당 합의 노선을 담당한 그룹이었다(나카노 고이치中野晃ー 『정권·당운영─오자와 이치로만이 원인인가政権·党運営-小沢一郎だけが原因か』 p.216–226). 나아가 오자와를 포함한 '일본 미래의 당'(나중에 생활의 당)이 공시 전의 60여 의석에서 한 자리 수까지 격감하는 참패, 사민당과 공산당 모두 의석을 더더욱 잃고 난립한 소수 정당들이 하나같이 공시 전의 의석수를 밑돌았던 가운데 자민당과 공명당 연립 여당 이외에 의석수를 늘렸던 것은 신우파 정당인 '모두의 당'과 신우파 극우정당인 '유신회'였던 것이다.

숫자상으로는 민주당이 잃은 의석수가 거의 그대로 자민당에게 회수되었고 민주당에서 분열되어 생긴 '일본 미래의 당'이 잃은 50여 의석을 거의 그대로 '유신회'와 '모두의 당'이 가지고 간 것이나 마찬가지였다. '유신회'는 민주당과 3석 차까지 순식간에 밀어닥쳐 54 의석을 획득하는 약진을 거두었다.

미디어는 선거전에서 '민주', '자민당·공명당' 이외의 의미로 '유신회'나 '모두의 당' 등을 포함하여 '제3극'이라고 치켜세웠지만 '모두의 당'의 강력한 당수였던 와타나베 요시미渡辺喜美는 제1차 아베 정권 각료로 자민당 탈당 후에도 아베와 개인적으로 가깝고 하시모토 도루橋下徹 오사카 시장 등 '유신회'도 자민당 총재 복귀 전의 아베에게 '유신회' 당수 취임을 제시했을 정도로 친화적이었다. 또한 결국 '유신회'에 합류하여 대표에 취임한 사람이 오랜 기간 자민당에 속해 있던 이시하라 신타로였던 것처럼 양당 모두 자민당의 '별동대'라고 부르는 편이 실태에 가깝다고 말할 수 있었다. 그러나 보도에서는 그러한 점은 깊이 언급되지 않고 그들의 '딱 부러지는' 발언이 텔레비전 등에서 반복될 뿐이었다.

이렇게 해서 한마디로 '일당 우위제의 부활' 혹은 '일강다약—強多弱'이라고는 해도 유권자들의 신뢰를 크게 손상시킨 민주당에게는 생기가 보이지 않는다. 연립 여당인 공명당이 오로지 자민당의 보완 세력으로서 정권에 안주하는 길을 택한 상태에서 자민당은 그 주변을 아쉬운 듯 회전하는 '위성정당'인 '유신회'와 '모두의 당'이라는 잠재적 연계 상대를 얻었던 것이었다. 신우파 연합이 지배하는 아베 자민당에 의한 정치가 더더욱 우경화할 수 있도록 해주는 정당 시스템이 출현했던 것이다.

3 과두 지배 시대로——입헌주의 파괴 시도

신우파 전환의 종착점으로서의 과두 지배

구우파 연합을 이끌어왔던 정치 세력이 쇠퇴했다고는 해도 자민당 정치로부터 이익 유도나 정치 부패가 없어진 것은 아니었다. 하지만 밀려왔다 되돌아가며 계속 확대해가는 신우파 전환의 누적 효과에 의해 고이즈미 정권기에 자민당이나 관료제 내부의 '저항 세력'은 바야흐로 문제가 되지 않을 레벨에까지 충분히 억눌려 졌다. 그리고 정당 시스템 역시 전체적으로 더더욱 오른쪽으로 옮겨져 있었다.

　제1차 아베 정권에 차질이 생기면서 분명해진 점은, 자민당 입장에서 정치 시스템 내부에 여전히 잔존해 있는 마지막 장벽이 무엇인가 하는 것이었다. 우선은 집요하게 정부를 비판한 민주당이나 미디어들, 그리고 강력한 참의원(뒤틀림 국회)처럼 헌법이나 입헌 제도가 부과하는 정부에 대한 제약이 바로 그러한 장벽들이었다. 때문에 제2차 아베 정권은 두 번 다시 이런 실수를 되풀이하지 않도록, 신우파 전환이 초래한 격차 사회에 대한 비판이 미디어에 의해 반대 여론을 형성하거나 민주당의 부활에 의해 참의원에서 다시금 '뒤틀림'이 생기거나 하는 일이 없도록, 세심한 주의를 기울이며 출발하게 되었다.

　아베 입장에서 실로 다행스러웠던 것은 관료제나 재계, 그리고 산케이·요미우리 등 보수 미디어들이 민주당 정권에 완전히 넌더리를 내며 두 번 다시 그러한 일이 일어나지 않도록 전력을 다해 정권을 보필할 자세를 취했다는 점이었다. 또한 실제로 현실에서 민주당이든 다른 당이든 저항 세력이 발견되지 않았다는 것은, 그 자체로 자민당 내외로부터 아베 정권에 대한 비판이 나오기 힘든 분위기를 조성해주는 효과를 가져왔다. 생채기가 여전히 선연했던 동일본 대지진과 원자력발전소 사고도 당장은 민주당 정권의 대응이 얼마나 미흡했는지를 오로지 나열할 뿐이었다. 이에 따라 역대 자민당 정권이나 아베 현 정권의 책임을 면해주는 분위기가 널리 퍼져갔다.

　자민당 일당 지배의 55년 체제를 '자유화'하고 대체정당을 선택할 수 있는 정치를 목표로 삼아왔던 정치 개혁과 정계 재편의 프로세스는 약 20년 전에 시작되었다. 그러나 그 최종적 '성과'였던 민주당에 의한 정권 교체가 그저 '실패'로 총괄되었다는 사실은 유권자들에게도 무거운 짐이 되었다. 관료 배제, 재계와의 갈등의 골, 미일 관계의 동요, 이러한 모든 것들이 민주당 '실패'의 원인으로 파악되었다. 그리하여 관료에 의존하는 각료·정무삼역政務三役(각 부처 대신·부대신·정무관—역자 주)이나 낙하산 인사를 포함한 정계·관계·재계의 유착이 위풍당당하게 복권하기에 이르며 대미 추종 경향이 더 한층 강화되어갔다.

이렇게 해서 민주당이 상승세를 탔을 때의 고이즈미나 제1차 아베 정권 이상으로 수상 관저에 권력이 집중되는 조건이 갖추어졌다(와타나베 오사무渡辺治 「아베 정권이란 무엇인가安倍政權とは何か」 p.23~59). 신우파 전환의 종착점으로서의 제2차 아베 정권에서는 신자유주의개혁이란 그저 '기업주의' 정책에 불과한 것으로 전락했다. 정계·관계·재계의 보수 통치 엘리트들에 의한 과두 지배 실현, 그로 의한 복고적 국가주의의 폭주, 그리고 입헌주의하의 경쟁적 의회제 민주주의라는 '전후 체제'로부터의 탈피를 향해 내달리고 있었다.

미디어 통제와 아베노믹스

제2차 아베 정권이 구사한 미디어 전략의 최대 무기가 된 것은 '세 개의 화살(일본 전국 시대의 무장인 모리 모토나리毛利元就가 세 명의 자녀에게 단결의 중요성을 가르친 일화에서 유래. 화살 한 개는 간단히 부러지지만 세 개가 모이면 좀처럼 꺾이지 않는다는 교훈에서 유래. 최근에는 '아베노믹스'의 기둥을 이루고 있는 세 가지 방침을 가리키는 단어로도 사용됨. 대담한 금융 정책, 기동적인 재정 정책, 성장 전략의 세 가지를 총칭—역자 주)', '아베노믹스', '차원이 다른 금융 완화' 등 새

로운 선전 어구들이며, 이를 통해 보도를 정권 주도로 구상해가는
데 성공했다. 때로는 강경하게 때로는 부드럽게, 밀고 당기는 전
략이 적절히 배합된 미디어 대책의 진두지휘를 담당하게 된 사람
은, 우정 민영화 선거에서 자민당의 미디어 전략을 담당했고 제1
차 아베 내각에서 홍보 담당의 수상보좌관을 역임했던 세코 히로
시게世耕弘成 내각관방 부장관, 고이즈미의 심복이었던 이지마 이
사오飯島勲 내각관방 참여, 그리고 아베의 참모로 제1차 내각에서
총무대신 경험이 있는 스가 요시히데 내각관방장관이었다.

애당초 히에다 히사시日枝久 후지TV 회장은 후견인 모리 요시로
와 가까웠기 때문에 아베와도 가까운 사이였다. 요미우리 그룹 총
재인 와타나베 쓰네오의 경우엔 종종 직접 정치 무대에까지 공개
적으로 올라와 움직일 정도로 아베뿐 아니라 나카소네 이후 자민
당 신우파 인맥과 혼연 일체가 되어 보수 정치에 관여해왔다. 실
태로서는 정권응원단 그 자체였던 것이다. 그 외의 미디어의 경
우, 단독 인터뷰를 개별적으로 해주거나 간부를 회식에 부르거나
하는 회유책과 함께, 보도 내용에 대한 불만을 쏟아내어 마치 겁
박하듯 압력을 가하는 냉온 양면의 통제를 심화시켜갔다(하라 도시오
原寿雄「아베 정권과 저널리즘의 각오安倍政権とジャ-ナリズムの覚悟」p.20~30).

아베 무리들에게 가장 큰 표적이 NHK와 아사히신문 그룹이었
다는 것은 분명하다(가와사키 야스시川崎泰資·시바타 데쓰지柴田鉄治「조직 저널리즘
의 패배組織ジャ-ナリズムの敗北-·NHK と朝日新聞」). 우선은 NHK 회장에 모미이
가쓰토籾井勝人, 경영위원에 햐쿠타 나오키百田尚樹(현재는 퇴임)나 하세
가와 미치코長谷川三千子 등 역사수정주의자들을 보내 통제를 강화
했다. 아울러 아사히신문이 이른바 요시다 증언(문필가 요시다 세이지吉

154

田清治에 의한 '위안부 강제 연행'에 대한 가해 증언. '위안부' 문제에 큰 영향을 준 증언이었으나 그 내용의 신빙성이 문제시되어 이후 추적 조사에 의해 창작이라는 것이 판명되고 요시다 본인도 창작임을 인정함. 2014년 아사히신문이 기사를 철회했으나 이미 1996년 유엔 보고서에 실린 상태로 일본 내에서 큰 사회문제로 대두됨−역자 주)의 허위를 인정하고 그에 의거하여 기사를 철회하자 산케이나 요미우리 그룹 등과 함께 마치 '위안부' 문제 그 자체가 아사히의 날조였다는 식의 인상을 만들어내는 데 총력을 다해 아사히신문을 약체화시켰다.

정권 측으로부터의 아베노믹스에 대한 정보 발신은 국정 선거를 앞두고 증대되는 경향이 현저했다. 미디어는 의식적으로 그때마다 정권의 쟁점 설정(혹은 쟁점 은폐)에 협력했다. 아베노믹스의 최대 포인트는 하시모토 행정 개혁으로 실시된 '재금분리金分離(재정 정책과 금융 정책을 나눔−역자 주)'의 일환으로서 확립된 일본은행의 독립성을 사실상 철회하고, 정부와 직접 연계하여 2년에 2%의 인플레 목표를 '공약'으로 내건 구로다 하루히코黒田東彦를 총재로 앉히며 대규모 양적·질적 금융 완화에 착수, 엔저·주식부양을 의도했던 부분이다. 그 후 연금의 주식 운영 비율도 확대되어 마침내 '관이 만든 주식 시장'의 색채를 더욱 짙게 하며 2015년 4월 닛케이日経 평균 주가가 15년 만에 2만 엔대를 회복했다.

결국 8%로 소비세를 증세한 영향도 있어서 이 인플레 목표는 달성되지 못했지만 재계가 아베노믹스에 의해 매우 윤택해졌던 것은 사실이었다. '낙수효과'가 현재로서는 불발로 끝났고 실질 임금이 계속 낮아지고 있는 가운데 재계와 아베 자민당의 밀월은 계속되고 있다.

한편 야당 시절 이미 미디어를 사용한 생활보호비판 캠페인에 열심히 동참했던 자민당답게, 물가 상승을 정책 목표로 하고 소비세 증세를 실시하면서 과거 최대 규모의 생활보호비용 삭감과 생활보호대상자 기준을 낮추는 작업이 진행 중에 있다. 또한 제1차 정권에서 실패로 끝난 화이트칼라 이그젬션white collar exemption('야근수당 제로법', '정액 무제한 부려먹기')을 '탈 시간급(고도 프로페셔널) 제도'라는 명목으로 도입하고자 제도화를 추진 중에 있다.

서장에서 언급한 대로 '세계에서 가장 기업이 활약하기 쉬운 나라'가 그야말로 이제 막 만들어지려고 하고 있는 것이다.

입헌주의 파괴 기도와 특정기밀보호법

아베 무리들 입장에서 제1차 정권에서 이루어내지 못했던 정책 과제 중 필두가 집단적 자위권 행사 용인을 포함하여 헌법이 부여하는 여러 가지 제약을 무효화하는 것이었다.

다니가키 사다카즈가 아직 총재 자리에 있던 야당 시절인 2012년 4월, 자민당은 정식으로 새로운 '일본국 헌법개정 초안'을 결정했다. 그 알맹이는 이전의 자민당 개헌안의 틀조차 가볍게 뛰어넘는 것이었다. 바야흐로 개헌 논의가 헌법 9조에 담겨진 평화주의뿐만 아니라 기본적 인권 존중과 주권 재민이라는 전후 헌법의 근본 원리 일체, 나아가 그 전제가 된 입헌주의에도 조준을 맞춘 전면적인 개헌안이 되고 있었다(오쿠다이라 야스히로奧平康弘·아이코 고지愛敬浩二·아오이 미호青井未帆 『개헌의 무엇이 문제인가改憲の何が問題か』).

예를 들어 '이 헌법이 일본 국민들에게 보장하는 기본적 인권은 인류의 다년에 걸친 자유 획득 노력의 성과이며, 이러한 권리들은 과거 수많은 시련들을 견뎌내고 현재 및 장래의 국민들에 대해

침해할 수 없는 영구한 권리로서 신탁된 것이다'라고 규정된 현행 97조가 송두리째 삭제되거나 새롭게 9장으로 '긴급사태' 조항이 삽입되는 가운데, '긴급사태 선언이 발해졌을 때는 법률이 정하는 바에 따라 내각은 법률과 동일한 효력을 가진 정령政令을 제정할 수 있는 것 이외에 내각총리대신은 재정상 필요한 지출과 기타의 처분을 행하여 지방자치체의 장에 대해 필요한 지시를 할 수 있다'라는 새로운 99조 등이 담겨 있다.

'유신회'나 '모두의 당'이 비슷한 주장을 했던 적도 있는데, 일단 아베의 의도는 현행 96조에 정해진 헌법개정 발의 요건을 3분의 2에서 과반수로 완화하는 것이었다(자민당 개헌안에서는 새로운 100조). 이때는 '뒤틀림 국회' 해소를 위한 2013년 참의원 선거 전이라는 타이밍이었고 시민 사회의 반대가 급속히 확산되었기 때문에 어쩔 수 없이 단념할 수밖에 없었다. 입헌주의 그 자체를 무시한 헌법개정을 향한 접근은 실은 지극히 신자유주의적인 포퓰리즘을 그대로 드러내고 있다고 말할 수 있을 것이다.

왜냐하면 국가의 최고 규정인 헌법을 특정 시기의 정부가 어떤 식으로든 제멋대로 개정 제안할 수 있게 되어버린다는 것은 그 권위나 전통을 욕보이는 것이며, 진정한 의미에서의 보수주의와는 서로 용납될 수 없는, 위로부터의 top-down식 행정 개혁적 발상에 바탕을 둔 것이기 때문이다(마이클 오크숏Oakeshott, Michael 「보수적이라는 것保守的であるということ」).

참의원에서 연립 여당이 과반수를 획득하자 아베 정권은 2013년 임시 국회에서 곧바로 국가안전보장회의(일본판 NSC) 설치법과 특정기밀보호법 제정에 착수했다. 국가안전보장회의의 포인트는 그 중핵을 수상·관방장관·외무대신·방위대신으로 구성된 4대 대신회합으로 하고, 평소에도 기동적으로 심의할 수 있도록 한 부분이나 스텝에 자위관 등도 포함하는 국가안전보장국을 내각관방에 신설한 것이었다. '유신회'나 '모두의 당'과 함께 민주당도 설치 법안에 대해 찬성으로 돌아섰다. 이와 관련하여 2014년 4월 '국가안전보장전략'에 근거하여 종래의 무기수출 3대 원칙을 허수아비로 만드는 방위장비이전 3대 원칙도 확정되었다.

기밀보전법제는 원래 후쿠다 야스오·아소 다로 내각 그리고 민주당 정권에서도 검토되어왔던 것이었다. 하지만 '특정기밀'의 지정 범위가 너무나 광범위하며 동시에 애매하다는 점, 적당한 제도 운용을 효과적으로 체크할 수 있는 제도 설계가 되어 있지 않다는 점 등, 국민의 알 권리를 현저히 침해하는 것으로서 시민사회로부터 강한 반대가 표명되었다.

그러나 정부는 '유신회'과 '모두의 당'과 수정 협의로 합의에 이르러 짧은 심의시간에 강행 채결로 가결시켰다. 민주당은 반대로 돌아섰지만 아베는 '책임 야당'의 수정 요구에는 응했다며 당당했다. 기밀 지정 기준이 타당한지에 대해 의견을 진술하는 정보보전 자문회의 좌장에는 요미우리의 와타나베 쓰네오가 취임했다. 보도 기관 대표가 특정기밀보호법에 최종 히가를 해주는 역할을 담당했던 것이다.

집단적 자위권——맹목적 대미 추종의 과두제하의 '안보'

그 다음으로 아베가 힘을 쏟았던 것은 집단적 자위권 행사 용인을 향한 해석개헌이었다. 수법으로는 특정기밀보호법 제정과 마찬가지로 국회에서의 토론이나 여론에 귀를 기울일 수 있는 기회는 최소한으로 억제하고, 마지막에는 강행한다는 것이었다.

이미 2013년 여름, 정당 정치로부터의 자율성을 높여갔던 전후의 내각 법제국의 관례를 깨고(나카노 『전후 일본의 국가보수주의』 p.21-24, 38), 집단적 자위권 행사 용인을 주장하는 자로 알려진 외무 관료 고마쓰 이치로小松一郎를 장관으로 밀어 넣고 있었다. 중립적 제도 관행을 굳이 무시하고 정치적 임용을 감행했다는 점에서 일본은행의 구로다 하루히코나 NHK의 모미이 가쓰토와 마찬가지였다. 그 후에는 집단적 자위권 행사 용인파만으로 구성된 수상의 사적 자문 기관인 '안보의 법적 기반 재구축에 관한 간담회(안보법제 간담회)'에서 검토를 행한다며 토론 내용은 봉인했다. 보고서가 발표된 것은 2014년 5월 중순의 일이다.

이번에는 무대를 자민당·공명당 양당에 의한 밀실 여당 협의로 옮긴다. 대외적으로는 한 걸음 앞서 일명 '샹그릴라 대화(28개국의 외교 안보 분야 정책 결정자들이 모여 아시아 태평양 지역의 외교 안보 관심사를 심도 있게 논의하는 대화체로, 싱가포르 소재 샹그릴라 호텔에서 개최되는 회의-역자 주)'라 불리는 아시아안전보장회의에서 집단적 자위권 행사를 포함한 '적극적 평화주의'를 일본의 '새로운 깃발'로 내걸었다. 국민들은 충분한 설명을 듣지 못한 채 미디어를 통해 허구를 다분히 포함한 '사례' 설교로 구성된 일방적인 그림 연극을 볼 수밖에 없는 상태가 이어졌다. 7월 1일 최종 합의, 그리고 내각회의 결정에 의한 해석 개헌(집단적 자위권에 대한 해석을 바꿔 헌법을 개정하려는 것. 아베 총리는 당초 헌법 제96조에 의거하여 개헌절차를 통해 집단적 자위권을 행사하려 했으나 반대 여론이 거세지자 내각회의를 통한 헌법해석의 변경으로 방향을 선회함-역자 주)이 행해졌다.

내각회의 결정에서는 '우리나라와 밀접한 관계에 있는 타국에 대한 무력공격이 발생하고 이에 의해 우리나라 존립이 위협받으며 국민의 생명, 자유 및 행복추구권이 근저로부터 뒤집어지는 명백한 위험이 있을 경우' 집단적 자위권을 '자위를 위한 조치'로서 발동할 수 있다고 했다. 중의원·참의원 양원에서의 집중 심의가 행해진 것은 여름 휴가 직전인 7월 14일, 15일의 일이었지만 이미 때는 너무 늦었다. 12월 해산총선거 때도 스가 관방장관은 특정기밀보호법이나 집단적 자위권은 쟁점이 되지 않는다고 주장했지만 총선 후에 입장을 바꿔 집단적 자위권도 포함하여 신임을 얻었다는 인식을 나타냈다.

집단적 자위권 행사 용인의 내각회의 결정을 수용하여 그 후 안보법제 정비 작업이 진행되고 있지만 2015년 봄, 통일 지방 선거가 끝날 때까지 정부는 엄한 정보 통제를 실시하여 국회 심의에 대비하는 한편, 미일 신 가이드라인의 개정을 선행시켰다. 또한 미 연방의회 상하 양원 합동회의에서의 아베 수상의 연설로, 여름까지의 법 정비를 사실상 대미 '공약'으로 기정사실화할 것을 획책했다. 당초 정부는 법안의 조기 성립을 시도하고 있었다. 그러나 병행하여 국회에서 열렸던 헌법심사회에서 여당 추천을 포함한 참고인 헌법학자 3인 모두가 법안이 위헌이라는 의견을 표명하자, 이제 막 끓어오르기 시작하고 있던 시민 사회의 반대운동에 더더욱 활기가 생기며 정권이 수세에 몰렸던 것이다. 9월 말까지의 전후 최장 회기 연장을 결정하여 필요하다면 중의원 3분의 2로 재가결해서라도 법안을 성립시킬 자세를 취하고 있었지만, 위헌의 '전쟁 법안'에 대한 비판은 강해질 뿐이다.

한편 국가안전보장회의, 특정기밀보호법, 집단적 자위권 등 이 모든 것들과 관련하여 공통점이 있다. 대미 추종 노선을 철저히 하고 국내에서는 입헌주의를 무시해서라도 수상과 그 스텝을 중심으로 한 행정부 극소수 통치 엘리트들만이 국가 안보에 관한 중대한 결정을 하는 구조를 만드는 것에 매진해왔다는 사실이다. 모두 제2차(2007년), 제3차(2012년)로 이어진 이른바 아미티지 보고('미일동맹─2020년을 향해 아시아를 바르게 이끈다'와 '미일동맹─아시아의 안정을 지탱한다')의 제언에 따른 움직임이라는 것이 '미일 안보 촌'의 강한 영향력을 시사하고 있다.

상기의 내각회의 결정으로 개별적 자위권과 일부 겹치는 집단적 자위권을 극히 한정적으로 용인했을 뿐이라는 변명이 얼마나 공허한 것인지, 이 시점에서 돌이켜보면 분명해진다. 개별적 자위권 발동 요건을 이루고 있던 '우리나라에 대한 긴급하고 부정한 침해가 있는 것'이라는 것이, 요컨대 일본이 공격을 받았는가 하는 일정 정도 객관성 높은 사실 인정에 바탕을 두고 있었던 것에 반해, 헌법이 명확히 무력행사를 금하고 있는 일본이 공격받고 있지 않은 사태에서도 '우리나라의 존립이 위협받으며 국민의 생명, 자유 및 행복추구권이 근저로부터 뒤집어지는 명백한 위험(이른바 존립 위기 사태)'이 있다고 국가안전보장회의에서 판단한다면 무력행사가 가능해지는 것이다.

'작게 낳아 크게 키운다'는 말처럼 얼마든지 확대 해석이 가능한 애매한 요건 인정의 전제를 이루는 정보는 당연히 특정기밀보호법의 대상이 될 수 있는 것이다. 미일 등 글로벌 기업이 활약하는 '시장경제 질서'가 흔들리는 사태를 가지고 '존립 위기 사태' 혹은

'중요 영향 사태'라고 간주하는 것은 충분히 가능할 것이다. 일단 미국의 요청을 받은 일본 정부가 판단을 내리고 임전 태세에 돌입하면 그렇지 않다고 증명할 증거나 사실을 과연 야당이나 시민사회 측에서 제시할 수 있을까. 쉽지 않은 문제다.

안보법제 정비 다음에는 2016년 참의원 선거 후의 명문개헌을 향해, 헌법 9조보다 착수하기 용이한 '긴급사태' 조항부터 시작할 것으로 보인다. 앞서 언급했던 자민당 개헌안에서는 '우리나라에 대한 외부로부터의 무력 공격, 내란 등에 의한 사회 질서의 혼란, 지진 등에 의한 대규모 자연재해 기타 법률로 정하는 긴급사태에 있어서' 사전 혹은 사후에 국회의 승인을 얻으면 내각총리대신이 내각회의에 상정해 긴급사태 선언을 발표할 수 있다고 되어 있다 (신설 98조).

아이러니하게도 긴급사태기본법 제정은 과거 고이즈미 정권에서 초당파로 유사법제가 추진되었을 때 민주당이 열심히 주장했던 것이다. 결국 우정 민영화 개혁 바람으로 보류가 되었고 최종적으로 당시 아베 관방장관 등이 '운용 면에서 대응이 가능'하다며 '새로운 입법 조치를 구상할 필요성은 부족하다'고 비판했던 경위가 있었다. 당시에는 입법 조치조차 불필요하다고 파악했으면서 민주당의 협력을 얻기 쉽다는 계산에서 오늘날 헌법개정의 돌파구로 이용하려고 하고 있는 것이다.

입헌주의나 주권 재민의 대원칙에 바탕을 둔 민주 통치가 고삐 풀린 과두 지배로 바뀌고 있는 와중이라고밖에는 표현할 길이 없다. 대미 추종 노선 안에서 국민을 배제하고 극히 일부 통치 엘리트들이 중대한 의사 결정을 자칫 내려버릴 수 있다. 그런 의미에

서 지방과 국정, 양 레벨의 선거에서 몇 번이고 명확하게 헤노코
辺野古(오키나와현沖縄県 나고시名護市의 지명. 후텐마普天間 미군기지 비행장의 헤노코 이전
사업에 반대하는 여론이 압도적인 상황에서 아베 총리가 헤노코 이전을 고집하고 있음—역
자 주) 이전을 반대하는 오키나와의 민의가 표명되고 있음에도 불구
하고 너무도 강압적인 수법으로 아베 정권이 추진하고 있는 후텐
마 기지 이전 문제는 그 상징적인 사례라고 말할 수 있을 것이다.

또한 사회 경제 분야에서는 "성역 없는 관세 철폐'를 전제로 하
는 한 TPP 교섭 참가에 반대'라는 공약을 깨고 아베가 교섭을 추
진 중에 있는 TPP도 본질적으로 마찬가지다. 미국으로부터의 강
한 압력에 의해 일본도 교섭에 참가했던 TPP에서는 글로벌 기업
의 대리인들이 여러 가지 요구를 가지고 교섭을 추진하는 한편,
일본의 일반 소비자들이나 유권자들뿐 아니라 국회의원마저도 그
구체적 내용에 대해 알 수 없다.

복고적 국가주의의 폭주와 해외 전개

그런데 민주당이 망친 미일 관계를 회복하겠다며 의욕에 넘쳤던
아베였지만, 실은 오바마 정권 측에서는 역사수정주의 경향이 너
무 강한 아베의 정권 복귀를 경계하고 있었다. 고노 담화와 무라
야마 담화의 재검토, 그리고 야스쿠니 참배를 두려워하고 있었던
것이다. 그 배경에는 국제 정세 안에서의 몇 가지 변화가 있었다.

첫 번째로는 제1차 아베 정권, 부친 아베 신타로가 외무대신을
역임했던 나카소네 정권, 그리고 조부 기시 노부스케의 기시 정권
모두 미국에서는 공화당 정권(각각 부시, 레이건, 아이젠하워)이었던 것에
반해, 오바마 정권은 자민당도 외무성도 파이프가 두껍다고는 말

할 수 없는 민주당 정권이었고, 역사 인식이나 인권에 관한 문제에 보다 민감한 경향이 있었다. 또한 중국은 2010년 국내총생산 GDP에서 일본을 제치고 제2위에 막 올랐을 뿐 아니라 대미무역액에서도 일본을 웃돌며 미국의 최대 채권국 자리를 경쟁하게 된 상황이었다. 나아가 미국은 미국 스스로의 동북아시아 전략 안에서 마찬가지로 동맹국들인 일본과 한국의 협조 관계의 심화를 중요한 과제로 삼고 있었다.

이러한 사정으로 아베가 정권 복귀 1주년을 마치 자축하는 듯 2013년 12월 26일, 그토록 바라던 야스쿠니 참배를 기어이 감행하고야 말았을 때, 중국과 한국이 항의했던 것은 물론이지만 도쿄에 있는 미 대사관까지도 '실망'을 표명했던 것이었다. 이것은 참배를 단념하도록 몇 번이고 움직였음에도 불구하고 '기대'가 배신당했다는 사실에 기인한 이례적 대응이었다. 경제나 안보 분야에서의 대미 추종이 역사수정주의의 면제부로서 더 이상 기능하지 않게 되었음을 다시금 명확히 했다고 할 수 있다. 또한 이때 싱가포르 외무성도 공식적으로 유감의 뜻을 표명하고 인도 외무장관이나 독일 보도관도 쓴 소리를 남겼다.

그러나 국내 정치 시스템은 신우파 전환의 관철에 의해 이미 브레이크가 말을 듣지 않는 상태에 빠져 있었다. 아베 무리들의 신념에 근거한 복고적 국가주의 폭주는 이미 억제하기 어려웠다. 미국이 허락하지 않는 고노 담화 그 자체에 대한 재검토 대신, 아베 정권은 그 작성 과정을 검증하고, 한국과의 교섭 프로세스를 폭로하는 등 그 신빙성을 흔드는 수단을 취하기 시작했던 것이다.

나아가 요시다 증언 관련 기사를 철회한 아사히신문에 대해 공격을 강화하는 동시에, 고노 담화를 대신하여 '위안부' 제도를 일본군에 의한 '군 성노예' 제도로 정의한 유엔 쿠마라스와미 보고('일본은 위안부 피해자에게 공개 사과하고 국가 책임을 인정하라'는 1996년 유엔인권위원회의 결의안 채택의 토대가 된 라디카 쿠마라스와미 특별 보고관의 보고—역자 주)의 수정을 위해 더 열심히 움직이기 시작했다. 또한 교과서 검정을 통해 정부 견해를 침투시키는 등, 아베 정권의 역사수정주의를 강요하는 '국정교과서화'도 급속히 추진하고 있다.

일본 국내에서의 관민에 대한 총체적인 프로파간다(일정한 의도를 가지고 여론을 조작하여 대중들의 판단이나 행동을 특정 방향으로 모는 활동—역자 주)의 성공에 마음을 놓은 아베 정권은 도쿄에 있는 해외 미디어나 해외 일본연구자들에 대한 압력을 높이기 시작했다. 그러나 미국의 교과서 회사 맥그로힐McGraw-Hill과 집필자인 역사연구자들에게 재미 영사관 스텝들이 영향을 끼치려 했던 것이 반발을 샀다. 미국 역사학회의 쟁쟁한 회원들의 연명으로 '어떠한 정부도 역사를 검열할 권리는 없다'고 비판하는 공개서한이 발표되는 사태로까지 진전되었다. 학문이나 언론의 자유에 대한 부당한 정부 개입을 위협이라 보는 생각은 더더욱 광범위하게 공유되었다. 에즈라 보겔 Ezra Feivel Vogel(하버드 대학 교수. 미국의 대표적 일본 연구가—역자 주), 존 다우어 John W. Dower(매사추세츠 공과대학 명예교수. 일본근대사 전공—역자 주) 등 미국을 중심으로 한 18명의 일본 연구자들에 의한 '일본 역사가를 지지하는 성명'이 공개되었고 그 후에도 유럽 등의 연구자들이 속속 서명을 보내고 있다.

또한 2010년부터 5년 간 독일의 권위 있는 보수 신문인 『프랑크푸르터 알게마이네 차이퉁Frankfurter Allgemeine Zeitung』의 도쿄 특파원이었던 저널리스트가 밝힌 바에 따르면 아베 정권의 역사수정주의에 비판적인 기사를 게재한 후 프랑크푸르트에 있는 일본 영사관이 편집국을 방문하여 기사가 중국의 '반일 프로파간다'에 사용되었다고 불평한 후 '(중국으로부터 기자에게로) 돈이 얽혀 있다고 의심하지 않을 수 없다'는 중상모략의 비방을 되풀이했다고 한다('넘버 원 신문(일본외국특파원협회 기관지)' 2015년 4월호).

마찬가지로 미국 주요 신문에 게재한 '위안부' 관련 기사들에 관해 외무성 국제 보도관과 미국 주재 일본 대사관 공사(홍보 담당)가 특파원 앞으로 메일을 보내, 기사 내용과 관련하여 의견을 말한 필자(나카노)의 이름을 직접 들먹이며 욕을 하고, 필자를 대신하여 취재할 만한 식자들의 인선에 개입하고자 했던 일이 있었다(워싱턴 포스트 2015년 3월 17일, 도쿄신문東京新聞 2015년 4월 14일 조간).

이 특파원도 '각국에서 특파원 생활을 오래 했지만 해당 정부로부터 어떤 사람을 취재해야 할지 취재하지 말아야 할지 하는 소리를 들어본 적은 처음'이라고 언급하고 있다(아사히신문 2015년 4월 28일 조간).

실은 이러한 사례를 일일이 다 열거할 수 없을 정도다. 자민당은 2014년 10월말 일본의 명예와 신뢰를 회복하기 위한 특명위원회를 설치하고 12월의 중의원 선거 중점 정책집(공약)으로 '근거 없는 허위 비난에 대해서는 단연코 반론하며 국제 사회에 대한 대외 발신 등을 통해 일본의 명예·국익을 회복하기 위해 행동하겠습니다', '일본의 '바른 모습'이나 다양한 매력을 세계에 전하는 거점으로서 '재팬 하우스'(가칭)를 주요국에 설치할 것을 검토하는 등, 전략적 대외 발신 기능을 강화하겠습니다'라고 목소리를 드높이며 대외 프로파간다를 추진할 체제를 정비하고 있다.

그러나 미국에서도 오바마 대통령이 2014년 4월 일본에 이어 한국을 방문했을 때의 기자회견에서 '위안부' 문제에 관해 '무척 심대한 인권침해'이며 '(과거 '위안부'였던 분들의)소리를 듣고 존중하지 않으면 안 된다. 무슨 일이 벌어졌는지에 대해 정확하고 명확하게 설명되지 않으면 안 된다'고 언급하고 있다. 또한 의회에서도 아베의 복고적 국가주의 표출에 대한 경계의 목소리가 해를 거듭할수록 커지고 있는 것이다.

의회조사국에 의한 미일 관계에 대한 연차보고서는 TPP나 안보 분야에 있어서의 아베 정권의 시도를 평가하면서 아베의 '강한 국가주의'에 경계심을 나타내고 있다. 정권 복귀 직후인 2013년 2월에 나온 보고서에서는 아베나 각료들에 의한 역사문제에 관한 '과거의 언동'이 '미국의 국익에 해를 끼치는 형태로 지역 관계를 자칫 흔들어버릴 수 있는 우려'를 표현하고 있었던 것이 2014년 에는 '과거의'가 떨어지고 아베 무리들의 '언동'으로 바뀌었다. 또한 그전까지만 해도 '위안부', '역사 교과서', '야스쿠니 참배', '한국과의 영토 문제에 대한 언설'의 여러 문제들에 대해 간략히 '주시해가겠다'라고만 되어 있었는데, 2015년판에서는 '이러한 모든 것들이 현재 진행형으로 지역적 긴장의 불씨가 되고 있다'고 좀 더 심각한 표현을 쓰고 있다.

이러한 미국의 우려를 고려해 전후 70주년, 수상이 의욕을 불태우는 '아베 담화'의 유식자 간담회(21세기 구상 간담회) 멤버는 중국이나 한국 등 아시아 전문가들보다도 재계나 관계, 학계 등의 '미국 통'을 포진시켜 극진한 대우를 하고 있다. 침략이나 식민지 지배의 피해를 입은 중국이나 한국 등의 반응은 안중에도 없이, 미국과 최대한 의견 조율하여 무라야마 담화로부터 일탈하고자 하는 아베 정권의 의도를 엿볼 수 있다.

2015년 4월 반둥회의 60주년 기념 아시아 아프리카 정상회의와 이어서 미연방 회의에서의 수상 연설로부터 읽어낼 수 있는 것은, 영어 remorse라는 강한 단어로 번역되는 '반성'을 반복하면, '식민지 지배', '침략', '사과'를 빠뜨리는 정도의 역사수정주의는 미국이 허용할 것이라고 일본 정부가 가늠하고 있다는 사실이다.

안보법제 심의가 난항을 거듭하여 8월 중순까지 성립이 불투명해지자 아베 담화를 내각회의에서 결정할 수 없어지며 수상의 애매한 개인적 담화로 발표하고자 하는 방침이 부상했다. 때를 거의 같이 하여 자민당은 극동국제군사재판(도쿄 재판), 점령 정책, 그리고 헌법 제정 과정을 검정하는 당내 신 조직을 발족시키겠다고 발표했다.

최종적으로 군사·경제면에서의 대미 추종과 그 대가로 미국의 안색을 살피며 추진할 수 있는 복고적 국가주의가 과연 어디까지 통용될 수 있을지는 불투명하다. 2014년 가을 아베가 내각 개조를 단행하여 '위안부' 문제의 국제적 비판으로부터 눈을 돌리게 할 목적으로 '여성 활약'을 제창했을 때, 여성 각료 중 특히 아베와 가까운 다카이치 사나에高市早苗와 야마타니 에리코山谷えり子나 정조회장이 된 이나다 도모미稲田朋美가 네오나치나 재특회 계열 관계자들과 함께 찍었던 사진이 문제가 되었다. 모두 역사수정주의나 젠더 백래쉬로 이름을 떨쳐왔던 정치인들이었기 때문에 이러한 극우 활동가들과의 친밀한 관계가 의구심을 불러일으켰다. 하

지만 일본 국내 미디어의 경우, 도쿄신문 등 극히 예외적인 경우를 제외하고 거의 이를 묵살했다. 한편 해외 미디어들은 하나같이 이에 대해 상세히 보도하며 우려를 나타냈던 것이다.

각료들의 4분의 3 이상이 일본회의日本会議(1997년 5월 '일본을 지키는 모임'과 '일본을 지키는 국민회의'를 통합해 만든 일본 최대의 극우 단체. 천황제 부활과 신사 참배, 군사 대국화를 통한 동아시아의 패권 장악 등을 지향—역자 주) 국회의원 간담회 멤버라는, 역사수정주의가 정권 내에서 주류화된 현실을 목도하며, 신자유주의적 논설로 알려진 세계의 정계·관계·재계 엘리트들에게 널리 강독되고 있는 영국의 잡지『이코노미스트』가 재특회 계열 단체에 의한 혐오 스피치 확대에 대한 보도 기사를 '혐오 스피치의 일부는 (네오나치 간부와 함께 사진을 찍은 다카이치 사나에나 이나다 도모미 등) 정권 최고위층으로부터 영감을 얻고 있는 듯하다'라고 결론지었을 정도였다(2014년 9월 27일).

그러나 날이면 날마다 국내 미디어에 보도되는 대상이 되어 결국 사임할 수밖에 없게 된 사람은 '정치와 돈' 문제의 오부치 유코 小渕優子와 마쓰시마 미도리松島みどり 등 아베의 '친구'라고는 말할 수 없는 각료들뿐이었다.

아베 정권 주변에서는 2016년 미국 대통령 선거에서 공화당이 정권을 쟁취하게 된다면 '비난'이 없어질 거라는 기묘한 낙관론도 들리는 듯하다. 초당파로 일본의 역사수정주의에 대한 우려가 심해지고 있는 의회의 추세를 생각하면 그리 간단한 이야기가 아닐 터이다. 그러나 복고적 국가주의가 일본만의 전매특허가 아니라는 것 역시 분명한 사실이며, 일본의 지정학적 위치에 의해 중국에 대한 전략이 우선시된다면 충실한 아베 정권에 대한 비판도 진정될 가능성이 있는 것은 사실일 것이다.

신우파 연합의 승리와 변질

2015년 통일 지방 선거 전반전에서, 총 정수에서 무투표 당선 비율이 과거 최고인 21.9%로 올라갔을 뿐만 아니라 10곳의 도현 지사 모두에서 자민당이 지지하는 현직 후보가 통일 지방선거의 지사 선거로서는 과거 최저인 50%를 깨뜨리는 평균투표율로 재선되었다. 후반전에서도 도쿄 구장선거를 뺀 모든 선거에서 과거 최저의 평균투표율이 기록되었다.

그 주요 요인은 좀처럼 당세 회복 조짐이 보이지 않는 민주당이 지난 2011년에 비해 약 40%나 공인 후보를 격감시키고 있는 것에 있었다. 아직 민주당이 자민당에 대항할 수 있을 정도로 당을 재건할 전망이 보인다고는 도저히 말할 수 없는 것이다.

또한 아사히신문 비판이나 2014년 12월 총선거에서의 자민당의 승리 때문인지, 아베의 측근 시모무라 하쿠분下村博文 문부과학대신이 자신이 관할하는 학원 업계로부터 헌납을 받거나 정치단체로 신고되지 않은 임의단체로부터 정치자금을 모았다는 '정치와 돈' 문제가 불거져 주간지 등에서 보도되었음에도 불구하고 현재 주요 미디어가 이에 대해 파고들 기색은 없어 보인다.

이리하여 제1차 정권의 실패로 이어졌던 민주당이나 미디어를 억누르는 데 아베는 성공했다. 또한 소선거구제의 마법으로 언뜻 보기에 '다수파 지배'인 것처럼 연출하여 국민을 위압하는 '선거 독재'를 창출해내고, 일본의 '자유'와 '민주'의 마지막 보루가 된 입헌주의가 부과하는 국가권력에 대한 제약마저도 무너뜨려갔다.

자유주의적 국제협조주의의 고양으로 막을 올렸던 신우파 전환의 움직임이 어떤 과정을 거쳐 편협한 역사수정주의를 휘두르는 과두 지배로 귀착되어버렸는지, 이 책은 그 정치적 프로세스를 명확히 할 것을 목적으로 여기까지 왔다.

이념적으로는 보다 광범위한 자유주의의 일익을 담당하는 '새로운 자유주의'로 일본에 등장했던 신자유주의(경제적 자유주의). 그러나 그것은 국제협조주의의 퇴조와 함께 정치나 사회의 '자유'의 내실화에는 개의치 않는 경제지상주의적 이데올로기로 후퇴되어갔다. 그리하여 자유 시장이 추구하는 바에서 벗어나 글로벌 기업 입장에서의 자유의 최대화, 바꿔 말하면 과두 지배의 강화를 추진하는 기업주의 도그마로 변질되어버렸던 것이다.

이러한 신자유주의의 변질 과정에 대한 명백한 증거가 기득권익을 무너뜨리는 개혁자의 포스로 새로운 '개혁 이권'을 손에 넣어온 재계인들이나 경제전문가economist들의 존재이며 낙하산 인사 등 구우파적인 '정계·관계·재계 유착'의 잔재나 부활이 바야흐로 일고의 여지도 없어지게 된 일이다.

또한 당초에는 국제협조주의적 발상의 틀 안에서 대두된 국가주의가 대미 추종 노선으로 점차 허물어지며 헌법의 제약을 무효화하고 미국의 위세를 빌려, 미국이 허용하는 범위 내에서 역사수정주의나 혐오 스피치에 동조하여 묵은 체증을 가라앉히는 복고주의로 변질되었다.

1990년대 후반부터 2000년대 전반에 걸쳐 신우파 연합이 혁신 세력과 구우파 연합에 대항해서 승리를 거둔 과정에서 스스로도 변용되어갔던 것이다. 그러나 그것은 대외적으로 대략 그 무렵부터 미국이 단독행동주의적 경향을 강화시켜갔던 것과도 표리의 관계에 있었기 때문에 결국 일본의 대미 추종에 브레이크가 걸리지 않게 되어갔다는 것을 지적할 수 있다.

4 일본 정치는 우경화되었는가

글로벌화 과두 지배의 확산

냉전이 마지막 시기를 맞이하고 있던 1992년, 프랜시스 후쿠야마Francis Fukuyama(일본계 미국인 정치학자. 네오콘에 동조하며 중동에서의 민주주의 확산을 지지. 그러나 이라크 전쟁 이후 입장을 바꿔 미국의 네오콘 대외 정책을 비판—역자 주)가 언급했던 '자유', '민주'의 승리 선언이 화제가 되었다. 후쿠야마는 『역사의 종말The end of history and The last man』이라는 제목의 책에서 '여태까지 인류 역사의 과정 속에서 군주 정치나 귀족 정치, 신권 정치, 그리고 20세기의 파시즘이나 공산주의 독재 등 각종 정권이 등장해왔지만, 20세기 마지막까지 상처 입지 않고 살아남을 수 있었던 정부 형태는 리버럴한 민주주의 외에는 없었다', '세계 대부분의 지역에서는 바야흐로 리버럴한 민주주의와 겨룰 수 있을 정도의 보편적 의상을 걸친 이데올로기는 존재하지 않으며, 인민주의라는 이념 이상으로 정통성을 가진 보편적 원칙도 존재하지 않는다'는 주장을 펼쳤다(상, p.96-97)

이 책의 일본어판 번역자가 바로 와타나베 쇼이치渡部昇一(일본의 영어학자, 평론가. 군위안부 강제연행 부정론자. 아사히신문의 요시다 증언 보도가 허위라며 이 보도로 인해 일본인도 명예훼손을 당했다며 소송 제기. 원고 측을 대표하는 '아사히신문을 바로잡는 국민회의'의 단장—역자 주)라는 점, 그리고 후쿠야마가 신보수주의(네오콘)의 대표적 논객 중 한 사람이었다는 것은 결코 우연이 아닐 것이다. 고이즈미 정권이나 제1차 아베 정권과 시기가 맞물렸던 부시 정권하의 미국은 우경화를 추진하며 이라크 등 중동에 '자유'와 '민주'를 확산시킬 수 있다고 꿈꿨다. 하지만 오히려 국력을 약화시킬 뿐이었다. 그 후 서브프라임 모기지론 위기, 그리고 2008년의 리먼 쇼크에서 촉발된 세계 금융 위기로 인해 그 쇠퇴에 대한 강한 인상만을 남겼다. 공산주의와의 대결에서 승리한 자유민주주의가 그 승리에 도취한 나머지 라이벌을 잃자마자 독선에 빠져 순식간에 약화된 것처럼 보였다.

2011년 가을부터 겨울에 걸쳐 '월 가를 점거하라'는 모토 아래 자본주의 경제와 대의제 민주주의의 파탄을 고발하는 '오큐파이(점거) 운동'이 뉴욕뿐 아니라 전미에 걸쳐 대대적으로 개최되었던 것이 지금도 기억에 새롭다. 자유 시장 경제의 실태가 글로벌 자본에 의한 과점 지배와 대다수 시민에 대한 착취에 지나지 않는다고 하는 이 같은 주장이, 다른 곳도 아닌, 글로벌 자본주의의 총본산이라고 할 수 있는 미국에서 커다란 반향을 불러일으켰던 것이다.

대의제 민주주의의 기능부전機能不全을 지적하는 이런 주장은 형식상 '선거'로 뽑히고 있는 정치 엘리트들이 글로벌 기업에 매수되어버렸기 때문에 공공 공간을 '점거'함으로써 99%의 시민들 스스로가 직접 행동으로 존재를 나타내지 않으면 안 된다는 호소였다. 글로벌 규모의 신우파 전환 끝에 '자유'와 '민주'가 개선되기는커녕, 그 실질적 내용을 상실하고 과두 지배를 초래하고 있음을 규탄한 것이었다.

보다 최근에도 2014년 9월호 미국 정치학회 학회지 중 하나에 게재된 논문이 널리 학계에서 주목받은 바 있다. 재계나 소수 부유층의 선호가 실질적으로 미국의 정책 결과에 결정적인 영향을 미치고 있다고 논했던 마틴 길렌스Martin Gilens(프린스턴 대학교Princeton University 교수—역자 주)와 벤자민 페이지Benjamin I. Page(노스웨스턴 대학교 Northwestern University 교수—역자 주)에 의한 계량 정치학 논문이었다. 소득 격차의 확대에 대한 토마 피케티Thomas Piketty(프랑스의 경제학자—역자 주) 의 논고가 일반 독자도 포함하여 세계적으로 붐을 불러일으키고 있는 것도 이러한 현상 인식의 확대를 나타낸 것이라 할 수 있을 것이다.

그러나 오큐파이 운동이 진정되고 있는 한편으로 오른쪽으로 부터의 운동 역시 전개되고 있는 상황이다. '작은 정부' 포퓰리즘 과 반동적 백인 보수주의를 신조로 한 극우 운동인 티파티 운동 Tea Party movement(2009년 미국 여러 길거리 시위에서 시작된 보수주의 정치 운동. 개 인, 작은 정부, 미국 역사의 가치와 전통 존중 등을 강조—역자 주)이 의회 공화당에 대한 영향력을 유지하며 앞으로 다가올 대통령 선거의 추세를 자 칫 결정지을 수도 있다. 국민 통합의 물질적 내실을 상실시켜버린 후, 그로부터 주의를 돌리게 하기 위해 국내외 '정체적 정치identity politics(주로 사회적 불공정의 희생이 되고 있는 젠더, 인종, 민족, 장애 등 특징 아이덴티티 에 근거한 집단의 이익을 대변하는 정치—역자 주)'를 불타오르게 하는 수법. 이 것은 그야말로 신우파 전환이 시도하는 '영구 개혁'의 추진력이 되 어왔다.

이러한 상황은 본질적으로 중국이나 한국에서도 마찬가지다. 신자유주의 개혁에 의해 격차(양극화) 사회가 번져가는 한편에서 정치권력은 더더욱 세습 정치가나 재벌·규벌閨閥에 집중된다. 그러면서 제각각 국가주의를 선동하여 민심 장악을 꾀하고, 저널리즘이나 언론의 자유뿐 아니라 시민 사회 전체의 온갖 자유를 엄격히 탄압하는 경향을 공통적으로 보인다. 아베나 시진핑習近平, 박근혜 등 동북아시아의 세습 '내셔널리스트'들이 자국 내에서 권력을 계속 집중시키기 위해 적개심을 서로 드러낼 상대를 상호 필요로 하고 있다고 말할 수 있다.

마지막 라이벌 공산주의를 끌어내린 자유민주주의. 그러한 자유민주주의가 오로지 확산되어 갈 거라는 냉전 종언 직후의 낙관적 전망은 도대체 어디로 가버린 것일까. 오늘날에는 미국뿐 아니라 유럽 등에서도 트랜스내셔널한 부유층에 의한 과두 지배나 극우 배외주의 정당이 신장되고 있으며, 이것에 의해 촉발된 '대의제 민주주의의 위기'가 규탄되고 있다. 정치의 우경화는 세계적인 현상이라고 말하지 않을 수 없다.

고용 악화와 격차 사회

한편 일본의 정치 역시 '불평등이나 계층 간 격차 확대의 시인', '개인의 자유 제한과 국가에 의한 질서 관리 강화', '군사력에 의한 억지 중시', '역사수정주의나 배외주의의 주류화' 등에 착안했을 때 신우파 전환의 결과 우경화되었다는 것이 분명한 게 아닐까.

정부 통계에 의하면 1985년 12%였던 상대적 빈곤율이 2012년 현재 16.1%까지 악화되고 있다. 일본의 빈곤 문제는 OECD 가맹국 중에서도 멕시코, 이스라엘, 터키, 칠레, 미국 다음으로 최악의 레벨이다. 어린 아이의 빈곤율의 경우는, 1985년 10.9%에서

2012년 16.3%로 한층 급격히 악화된 양상이다. 배경 중 하나에 비정규 고용 확대가 있다는 것은 틀림없는 사실인데, 고이즈미 정권기보다 더더욱 늘어나 2014년 37.4%(남성 21.8%, 여성 56.7%)에 이르고 있다. 특히 여성들에 대한 임금 차별에서 기인하는 여성 단독 세대나 모자 가정의 빈곤이 심각하다. 과거 어느 정도의 설득력을 가지고 언급되었던 '1억 총중류(1970년대 일본 인구 약 1억 명의 대다수가 자신을 중산층으로 의식하고 있다는 것에서 기인한 말-역자 주)' 신화 따위는 도대체 그림자조차 찾아볼 수 없다. 아베 정권이 추진하는 노동자 파견법 개정에 의해 파견 노동이 더더욱 확대될 것으로 우려되고 있다.

고용의 질이 떨어지는 것은 신자유주의적 개혁에 의해 초래된 것이지만 이쯤에서 재계의 변화를 나타내는 흥미로운 수치가 있다. 일본 경단련 회장이나 부회장을 배출한 최고 레벨 기업의 외국자본 비율을 산출했을 때, 1990년 시점에서 10%였던 것이 2006년에는 30%를 넘고 있다. 이러한 기업들의 그룹 총 판매액 가운데 해외가 차지하는 비율도 30%에 약간 못 미치던 수치에서 거의 50%까지 신장되었다(사사키 겐쇼佐々木憲昭 「변모하는 재계—일본 경단련 분석変貌する財界-日本経団連の分析」 p.42-43, 56-57). 이 동안 법인세의 기본세율은 1984년 43.3%로 올랐던 것이 1990년에는 37.5%, 그 후에도 점차 낮아져 민주당 정권이었던 2012년 25.5%까지 낮아졌다.

소득세 최고세율만 해도 1980년대 중반 70%였던 것이 단계적으로 낮아져 2007년까지 40%가 되었다. 동시 진행이었던 소비세 증세나 격차 사회 비판 등에 대한 고려에서, 아베 정권하인 2015년부터 과세소득 4000만 엔 이상에 대해서 45%로 인상되었지만,

전반적으로 살펴보면 부유층이나 글로벌 기업의 해외 유출을 피하기 위해 과세 강화를 회피할 뿐만 아니라 더더욱 감세가 필요하다는 목소리가 계속 주류를 점하고 있다. 일본을 '세계에서 가장 기업이 활약하기 쉬운 나라'로 만들고 싶다는 아베의 의지 표명이 그 점을 나타내고 있다.

노동조합의 추정조직률이 1982년까지 아직 30%대였던 것이 조금씩 계속해서 떨어지더니 2014년에는 17.4%까지 위축되어버렸다. 일본노동조합총연합회日本労働組合総連合会의 지지를 받는 민주당은 당세 회복의 전망이 불투명하고 사민당은 중의원과 참의원 합쳐서 의원수가 5인에 불과할 정도로 영락해버렸다. 아무리 공산당 의석이 2012년 중의원선거에서 더 이상 아래로 떨어지지 않고 2013년 도쿄도의회 선거, 참의원 선거, 2014년 중의원 선거, 2015년 통일 지방선거 등 약진을 계속하고 있다고는 해도, 양원 모두 5%에 미치지 못하는 의석수에 불과하다. 노사의 정치력에 이만큼의 격차가 나버린 가운데 평등 지향 정책을 요구해가는 것은 쉽지 않은 일일 것이다. 사실 사회보장제도의 재구축이 이루어지지 않은 채 소비세 증세와 노동 규제의 완화만이 선행하고 있다는 것에 대해서는 이미 언급한 대로다.

국가권력의 집중 강화와 반자유 정치

원래 일본은 '강한 국가'를 권위의 근거로 삼아 국가가 규정하는 가치질서에 사회를 종속시키는 근대화 전통이 강했다. 하지만 신우파 전환을 통해 수상 관저를 중심으로 한 행정부로의 권력 집중이 더더욱 진전되었다. 그리고 일단 정당 시스템 밸런스가 붕괴되자 국가 권력에 고삐를 조이고, 개인의 자유를 지키는 입헌주의의 원칙마저 공격의 대상이 되는 사태가 발생하고 있다.

나카소네·하시모토 행정 개혁으로 수상 관저의 기능 강화가 시도되었다. 오자와 이치로 등이 진력한 소선거구제 도입에 의해 혁신 정당이나 중소 정당의 세력이 약화되었고 자민당 내에서도 파벌이 약체화되며 총재(수상)·간사장의 권한이 대폭 강화되었다. 이렇게 해서 집권 여당 내에서 권력이 더더욱 집중되는 경향을 좀처럼 막을 길이 없게 되었다. 한편으로 양대 정당제가 진척을 보여 강한 이원제의 틀 안에서 민주당이 일정한 체크&밸런스의 역할을 담당하게 되었다.

정치 자유화가 초래한 경쟁적 정당 시스템은 국가 권력의 감시나 억제에 이바지하는 행정절차법, NPO법(특정비영리활동촉진법), 정보공개법, 공문서관리법 등의 성립으로 이어져갔다. 또한 정당 간 경쟁의 불안정함을 기피하는 자민당은 공명당과의 연립에 의해 정권 기반의 안정을 기함과 동시에 교육, 매스컴, 안보, 헌법 등에 관한 분야를 중심으로 민주당을 비롯한 야당, 시민사회, 개인들의 자유를 억압하는 수단을 거리낌 없이 사용하게 되었다. 국기·국가법, 통신방수법(도청법), 무력공격사태법, 국민보호법, 개정교육기본법, 특정기밀보호법 등을 들 수 있으며, 그 연장선상에 집단적 자위권 행사 용인의 해석개헌을 받아들인 일련의 안보법제가 있다. 또한 그 앞에 긴급사태 등을 단서로 삼아 명문개헌으로 향하려는 움직임이 있다.

민주당의 붕괴에 의해 '정치의 자유화'가 순식간에 '반자유 정치'로 어둡게 변하자 헌법 9조에 초점을 맞춘 종래의 개헌 운동과는 명백히 이질적인, 가히 '헌법 파괴'라고 부를 만한 입헌주의 그 자체에 대한 공격이 현실로 드러났다. 그것은 몇 번에 걸쳐 사법이 '위헌 상태'라는 판단을 나타내고 있음에도 불구하고 막무가내로 진행되었다. '1표의 가치의 차이(예를 들어 인구 30만인 선거구에서 1인의 국회의원을 선출하는 곳과 인구 10만인 선거구에서 1인의 국회의원을 선출하는 지역이 있어 1표의 가치에 3배 이상으로 차이가 발생될 수 있음—역자 주)'를 방치한 채, 도무지 오를 기미가 보이지 않는 투표율로 의석수의 다수를 차지한 정부가 자기 마음대로 헌법개정을 제안할 수 있도록 하려는 것이다. 이는 헌법 96조 선행 개정의 시도이자 자칫 헌법 9조의 사실상의 무효화를 가져올 수 있는 위험한 해석개헌이었다.

자민당의 '일본국 헌법개정 초안'에서는 '긴급사태' 조항의 창설 이외에도 기본적 인권이 '공익 및 공공질서'에 의해 제한받는 것으로 하고 있다. 20조 정교 분리 규정에 대해서도 이를 무력화시켜 수상들의 야스쿠니 신사 공식 참배를 가능케 하도록 하는 장치를 담아내고 있다.

이미 정권에 의해 교육이나 보도 현장에 대한 규제가 강화되고 있는데 일본회의日本会議를 모체로 하는 '아름다운 일본의 헌법을 만드는 국민 모임'이 명문개헌을 향한 풀뿌리 캠페인을 전개하기 시작하고 있다. 금후 더더욱 학문의 자유나 알 권리를 제한하려는 관민 일체의 언론 통제가 강화될 우려가 높아지고 있다.

전쟁이 가능한 나라로

전후, 헌법 9조와 미일안보조약 사이에서 구우파 연합이 자위대에게 부여한 '개별적 자위권 행사로 한정된 전수 방위'라는 역할은 신우파 전환에 의해 오늘날까지 대폭적인 변용을 거듭해왔다. 처음엔 유엔 중심주의에 근거한 PKO(평화유지활동)에 대한 참가를 그 시작으로 했다. 하지만 북한의 위협이나 중국의 대두가 본격적으로 문제시되자 결국에는 대미 추종 노선에서의 '집단적 자위권 행사 용인'에까지 이르렀던 것이다. 55년 체제에서는 자위대 위헌론까지도 뿌리 깊게 존재하고 있었는데, 오늘날에 와서는 헌법 9조의 명문 개정이 없이, 일본이 직접 공격받지 않았는데도 타국 간의 전쟁에 참가할 수 있게 될 정도로 평화헌법이 왜곡되려고 하고 있다.

이러한 180도 전환을 감추는 키워드가 된 것이 '적극적 평화주의'였다.

원래는 오자와 이치로가 전수방위를 독선적인 '소극적 평화주의', '일국 평화주의'라고 규탄하면서 그 반대급부로 대치된 개념이었다. 하지만 공식적인 정의가 없기 때문에 자칫 그 내용이 얼마든지 바뀔 수 있는 것이었다. 포인트는 제멋대로 '평화주의'의 일종이라 자칭하면서 헌법 해석을 변경해버리면 이에 따라 정반대의 결론을 이끌어낼 수 있다는 점에 있다. 당초 오자와 이치로의 구상에서는 집단 안전보장의 틀 안에서 유엔군에 대한 참가를 주안으로 삼고 있었는데, 포스트 냉전 시대 속 유엔의 역할에 대한 기대가 시들어가자, 미일동맹 안에서 일본이 미국의 요구에 얼마만큼이나 응할 수 있을까로 관심이 바뀌어갔던 것이다.

현실적으로 2013년 말 아베 정권이 결정한 '국가안전보장전략'은 그 '기본 이념'으로 '국제협조주의에 근거한 적극적 평화주의'를 들었다. 하지만 '국제 사회의 평화와 안정 및 번영 확보에 기존

보다 그 이상으로 적극적으로 기여해가겠다'고 언급했을 뿐 이념이라 부를 만한 정의가 거의 없다.

그것도 그럴 터였다. '안보과 방위력에 관한 간담회' 좌장으로 '국가안전보장전략' 작성에 임했던 기타오카 신이치北岡伸一(정치학자, 역사학자. 도쿄대학 명예교수, 전 유엔차석대사. 아베 총리의 외교안보 핵심 브레인으로 집단적 자위권 용인 문제를 사실상 주도한 인물—역자 주)마저도 '적극적 평화주의란 소극적 평화주의의 반대. 소극적 평화주의란 일본이 비무장일수록 세계는 평화로워진다는 사고를 말한다'(일본경제신문 2014년 1월 9일 '경제교실')라고 언급하고 있다. 이를 통해서도 알 수 있듯이 명확히 말하자면 '일본이 무장(군사적 억지력을 강화)해가면 갈수록 세계는 평화로워진다'라는 고삐 풀린 '꿈같은 억지론'(야나기사와 교지柳澤協二 『망국의 안보 정책―아베 정권과 '적극적 평화주의'라는 함정亡國の安保政策·安倍政權と『積極的平和主義』の罠』 p. 23, 80–88)에 지나지 않기 때문이다.

미일안전보장 공동선언을 시작으로 신 가이드라인과 주변사태법 등의 관련법, 그리고 부시 정권이 단독행동주의적 경향을 강화하자 이라크특조법, 테러특조법, 신 테러특조법 등이 이어졌다. 제2차 아베 정권에 이르러서는 주변사태법(중요영향사태법)이나 무력공격사태법(사태대처법) 등의 개정 등, 바야흐로 '틈새 없는' 개념으로서 적극적 평화주의의 본질이 전모를 드러내고 있는 것이다. 동시에 조금씩 진행되어왔던 '보통 국가' 전환으로의 새로운 단계로서 두 가지 특징을 가지고 있었다.

첫 번째는 특조법 방식으로부터의 전환이 시도되어 '국제평화지원법' 제정에 의해 항구법을 기조로 전투 중의 타국에 대한 후방 지원을 위해 자위대 해외 파병이 가능해진다는 것이다. 다른 하나로는 형식상 국회의 사전(혹은 사후) 동의가 필요하다고는 하나, 헌법이 애당초 금하고 있는 행위를 특정 정부(의 일부)의 판단만으로 가능할 수 있도록 어떤 선을 넘어버렸다는 점이다. 집단적 자위권 행사를 포함한 일련의 새로운 안보법제는 국가안전보장회의나 특정기밀보호법과 일체가 되어 운용되기 때문이다.

게다가 결국엔 헌법을 위반하는 집단적 자위권 해금이라는 사실이 엄연히 남기 때문에 금후 헌법 9조를 포함한 대폭적인 명문 개헌으로 불가피하게 나아갈 수밖에 없다고 생각된다. 위헌 소송이 다발할 리스크나 전쟁 그 자체를 포기한 헌법 9조 때문에 정작 전쟁이 일어나면 헌법의 '불비不備'나 한계(예를 들어 군법 회의를 열 수 없는 것 등)가 많기 때문이다. 위장 청부나 무보수 야근(이른바 서비스 야근) 등의 위법 행위를 선행시켜두고 나서 '실태와 맞지 않게 된' 노동 법규를 '개정'해야 한다고 주장하는 재계의 논법과 너무나 비슷하다고 말할 수 있을 것이다.

역사수정주의와 배외주의

9조의 무효화와 미일동맹 강화를 골자로 한 안보정책이 전개됨과 동시에 역사수정주의의 주류화와 중일·한일 관계의 악화가 진행되었다. 신우파 전환의 당초엔 국제협주주의에 따라 교과서, 야스쿠니 참배, '위안부' 등의 여러 문제들에 대해 근린 국가들의 국민감정을 '배려'하는 대응을 행했다. 고노 담화나 무라카미 담화 등은 그러한 흐름 속에서 발표되었다.

그러나 1990년 후반부터 자민당 안에서 아베 등 신세대 역사수정주의자들로 세대교체되었고 '일본회의'로 대표되는 광범위하고 조직적인 연계가 추진되어갔다. 고이즈미가 구우파 연합과의 권력 투쟁 속에서 그들을 더더욱 중용하여 당내에서 점차 역사수정주의가 주류를 이루게 되었다.

중국에서도 대략 이 무렵부터 장쩌민江澤民 국가주석 아래 대일 강경노선이나 애국주의 교육 추진이 눈에 띄게 되었다. 고이즈미가 매년 야스쿠니 참배를 지속하고 있는 가운데 한국의 노무현 대통령도 일본에 대한 비판을 강화시켜갔다. 영토문제도 얽혀 정부 레벨에서 관계가 악화되자 상호 국민감정의 반발도 높아져 갔다. 2014년 내각부 조사에 의하면 중국에 대해 친근감을 느끼지 않는다는 답변이 과거 최고인 83.1%였으며 한국에 대해 친근감을 느끼지 않는다고 대답한 사람의 비율 역시 과거 최고인 66.4%에 이르렀다.

2013년 12월 아베에 의한 야스쿠니 참배 직후, 중일·한일 수뇌회담에서 실질적인 논의가 불가능한 상태가 지속된다. 주요 미디어 중에서 화해와 우호를 논하는 목소리는 실로 미약하다. 오히려 제2차 아베 정권부터 산케이신문에 요리우리신문까지 정부와 연계하면서 '위안부' 문제 등에 대해 역사수정주의로 크게 방향을 틀었던 것이 언론계에 적지 않은 영향을 끼쳤다.

특히 아사히신문이 2014년 8월 요시다 증언 관련 기사를 취소했던 것에 대해 역사수정주의자들이 벌인 캠페인은 차마 눈뜨고 볼 수 없을 정도였다. 역사학연구회가 '일부 정치가나 매스미디어 사이에서는 이 『아사히신문』의 기사 취소에 의해 마치 일본군 '위안부' 강제 연행 사실이 근거를 잃고, 경우에 따라서는 일본군 '위안부'에 대한 폭력 사실 모두가 부정된 것 같은 발언들이 이어지고 있다. 특히 아베 신조 수상을 비롯한 정부 수뇌로부터 그러한 주장이 행해지고 있는 것에 대해 우려를 금할 수 없다'라는 성명을 발표하기에 이르렀다('성명 정부 수뇌와 일부 매스미디어에 의한 일본군 '위안부' 문제에 대한 부당한 견해를 비판한다' 2014년 10월 15일).

이에 호응해서 앞서 언급한 미국 역사학회나 구미의 일본연구 학계 유력인사들의 성명이 나오게 되었던 것이다. 이런 것들을 받아들여 일본사연구회나 역사교육자협의회 등도 동참하여 역사학 관계 16개 단체가 '해당 정치가나 미디어에 대해 과거 가해 사실 및 그 피해자와 진지하게 마주할 것을 다시금 촉구한다'는 성명을 공표했다('위안부' 문제에 관한 일본의 역사학회·역사교육자단체의 성명 2015년 5월 25일).

'적극적 평화주의'를 강조하고 싶은 아베 담화에서는 무라야마 담화를 '전체로서' 계승하고, '깊은 반성'의 마음을 언급하는 데 그치며 '식민지 지배와 침략'이나 '사죄'라는 문구를 생략하는 방향으로 미국 측의 양해를 얻을 것처럼 보이지만 그럴 경우 한국이나 중국의 반발은 한층 거세질 것이다.

아베 정권은 2015년판 『외교청서外交青書』(일본 외무성이 내고 있는 외교근황백서를 말하는데 파란 표지를 쓰고 있어 청서라 불림. 매년 일본 외교의 당면 문제에 대해 그 특징과 처리 경과를 서술함-역자 주)의 한국에 관한 기술에서 '자유, 민주주의, 기본적 인권 등의 기본적 가치와 지역의 평화와 안정 확보 등의 이익을 공유한다'라는 표현을 삭제하고 있으며, 국교정상화 50주년 기념행사는 양쪽 모두 개별적으로 개최된 식전에 각각의 수뇌가 상호 출석하여 외양은 갖추었지만, 한일 관계의 지속적인 개선을 위한 전망은 여전히 불투명한 상태다.

또한 중국과의 관계 개선도 앞이 보이지 않는 상황이 이어지고 있다. 중국 주도로 추진되고 있는 아시아 인프라 투자 은행AIIB 설립에 임해 한국이나 인도를 포함한 아시아 중동 국가들뿐 아니라 영국을 비롯한 유럽 국가들이나 오스트레일리아등도 참가할 예정이었음에도 불구하고 미국의 의향을 너무나 헤아린 나머지 중심에서 제외된 입장이 되어 자칫 관여할 수 없는 처지가 될지도 모를 상황에 빠졌다. 일그러진 역사관과 과대망상적 외교 전략에 사로잡힌 정부가 스스로 초래한 중대한 외교 실책과 국익의 손실이었음에도 불구하고 정계·관계·재계 내부로부터의 비판이나 자성의 목소리는 거의 들리지 않는다. 바로 이런 점에서 일본의 보수 통치 엘리트들이 편협한 국가주의에 편승해 자승자박 상태에 빠져버린 현 실태를 엿볼 수 있다.

아직도 '개혁이 부족'한가

일본에서의 역사수정주의의 고양은 바야흐로 국제적 이목을 집중시키고 있다. 복고적국가주의 경향이 비단 일본만의 일은 아니라 해도 야스쿠니 사관에 대한 공감이나 찬동이 해외에서 얻어질 전망은 전무하며 금후 일본이 고립되어버릴 단초가 되고 있다는 사실을 부정하기 어렵다.

그에 비해 경제 정책이나 안보 정책의 '개혁' 면에서 아직 일본은 세계적으로 봤을 때 뒤처져 있으며 불충분하다는 견해도 적지 않다. 국내적으로 보면 이미 격세지감이 솟구칠 정도로 이러한 분야에서도 일본은 이미 우경화되었지만, 국제적으로는 아직 '보통 국가'라고 말할 수 없다는 것이다.

'세계에서 가장 기업이 활약하기 쉬운 나라'를 목표로 멈출 길 없는 '적극적 평화주의'의 논리에 선다면, 좀 더 법인세가 낮고, 좀 더 노동자 해고가 용이한 나라는 분명 다른 곳에도 있을 것이다. 군사적 억지력 강화가 평화를 초래한다고 생각한다면, 일본이 미국의 군사력의 발끝에도 미치지 못하는 것은 당연하지만, 미일 동맹도 아직 미국과 영국의 '특별한 관계'와는 비교조차 할 수 없으며 군사비 총액이나 그 증가폭도 중국이 일본을 훨씬 웃돌고 있다.

그러나 '바닥으로의 경쟁race to the bottom(국가가 외국 기업의 유치나 산업 육성 때문에 감세, 노동기준·환경기준의 완화 등을 겨루는 것—역자 주)'이나 군비 확장 경쟁이란 현상에서 알 수 있는 것처럼 일본이 더더욱 우경화되는 것은 라이벌 국가들의 더 큰 우경화를 불러일으키게 될 것이다. 이러한 제한 없는 경쟁은, 애당초 '보통 국가'란 도대체 무엇인가, 하는 의문을 불러일으키지 않을 수 없다. 일본은 이미 미국에 육박하는 높은 빈곤율을 기록하고 있으며 군사비도 예년에 영국이나 프랑스와 어깨를 나란히 할 레벨이다. 이것은 '보통'인 것인가, 아직 '보통'이 아닌 것인가, 아니면 이미 '보통'을 뛰어넘은 것인가.

지금도 여전히 '개혁'이 부족하다는 것은, 단순히 대미 추종 노선의 신우파 전환 이외의 정치의 모습을 구상할 수 없게 되는 것뿐이지 않을까.

2014년 해산 총선거에서 아베 자민당이 사용한 '이 길밖에 없다'라는 선거 슬로건은 그야말로 대처 시절 영국에서 자주 들렸던 구호(there is no alternative 생략해서 TINA)와 너무나도 똑같아서 신우파 전환 그 자체의 슬로건이라 해도 좋을 지경이다. 미 연방의회에서의 수상 연설에서도 아베는 러브콜처럼 이 구호를 반복했다. 글로벌화하는 경제나 중국의 대두 등으로 더더욱 험난해진 안보 환경 속에서 미국의 요구에 따라 신우파 전환을 추진하는 것 이외에 일본이 선택할 길은 과연 없는 것일까.

'바닥으로의 경쟁'이나 군비확장 경쟁이라는 우경화 자체의 문제점이나 위험성뿐만 아니라 이 책에서 지적했던 것은 그러한 '개혁'이 신우파 전환의 프로세스에서 항상 역사수정주의나 정치적 반자유주의(개인의 자유의 제한과 국가권력의 집중 강화)를 동반하고 있었다는 점이다. 그러나 구조 개혁 노선의 지지자들은 기껏해야 고이즈미의 야스쿠니 참배에 눈살을 찌푸릴 뿐 대부분의 경우 묵인하거나 심지어 환영하는 경우조차 있었다. 아베에 의한 집단적 자위권 행사 용인을 포함한 안보법제의 정비나 미일동맹 강화에 대해 찬성하는 자들은 입헌주의를 무시하는 진행 방식에 대해서는 차마 못 본 척하거나 울며 겨자 먹기로 받아들여 왔다. 이리하여 구우파 연합과 혁신 세력이 대치했던 55년 체제에 종지부를 찍은 신우파 전환이 바야흐로 더더욱 진전되는 가운데, 결국 신우파 연합의 정계·관계·재계 엘리트들에 의한 과두 지배로 변질되어갔던 것이다.

바꿔 말하면 이런 것이다. 냉전의 종언과 함께 55년 체제의 보혁 대립이 해동되자 정당 시스템의 유동화를 거쳐 소선거구제의 작용에 의해 양대 정당제가 등장하고 유권자들에 의한 정권 선택을 통해 신우파 전환이 강화시킨 국가권력에 대한 체크 & 밸런스 기능이 행해질 거라고 기대되었다. 그러나 대체정당으로 성장했다고 생각했던 민주당의 붕괴에 의해 전후 한 번도 볼 수 없었을 정도로 정치 시스템이 밸런스를 상실하고 수상관저에 집중된 거대한 권력만이 고삐 풀린 형태로 신우파 통치 엘리트들의 손에 넘어가게 되었다. 지금 그것이 심지어 헌법이 보장하는 개인의 자유나 권리를 좀먹는 반자유 정치로 바뀌어가고 있으며, 도에 넘치는 역사수정주의로 자칫 일본의 국제적 고립을 초래하고 있는 것이다. 이것이 우경화하는 일본 정치의 현실이지 않을까. 만약 그렇다면, 저항 세력이 없다면, 아베 정권이 끝난 뒤에도 잠깐의 휴식 기간을 거쳐 더더욱 엄청난 우경화가 밀어닥치게 될 것이다.

신우파 연합에 대항하기는커녕 최소한으로 제어해줄 정치 세력조차 없으며 입헌주의를 비롯한 자유민주주의의 근본 룰이나 제도마저 크게 왜곡되기 시작했다는 점에서 일본 정치의 우경화는 국제 비교 관점에서도 심각한 수준이다. 일본이 아직 전쟁에 직접 참가하고 있지 않은 것은 사실이지만, 그 준비는 권위주의적 정치 수법으로 헌법을 파괴하는 것처럼 어디까지나 현재 진행 중이다. 혹시라도 일단 일본이 전쟁에 돌입하게 되었을 때 과연 자유민주주의 국가로서의 모양새를 유지할 수 있을지, 강한 회의를 품지 않을 수 없다.

종장

대체정당은 가능할까

1 민주당의 성공과 좌절

결실을 맺은 것처럼 보였던 '정치의 자유화'

폭주하기 시작한 신우파 연합을 대신할 대체정당은 어떻게 가능할까. 붕괴되어버린 정치 시스템의 밸런스를 회복하기 위해서는 무엇을 해야만 할까. 우선은 대체정당으로 확립된 것처럼 보였던 민주당의 성공과 좌절을 되짚어 보는 것에서부터 시작하자.

앞서 제1장 말미에서 로버트 달이 제시한 '민주화'의 두 가지 좌표축으로서의 '자유화'와 '포괄성'에 대해 언급했다. 우선 자유화의 개념은 반대나 공적인 이론 제기라고 바꾸어 표현할 수 있다. 집권 여당에 반대하고 경합하는 정치 세력을 허용하고 나아가 정권의 자리를 둘러싼 다원적인 정당 간 경쟁이 일상화되어 있는 것을 의미한다. 한편 포괄성이란 참가 내지는 대중화를 말하는 것으로 정치 참가 기회가 널리 시민에게도 부여되어 있는가를 문제 삼는 개념이다.

『폴리아키』에서 로버트 달은 슘페터의 주장에 따라, 공평하고 열린 보통선거제도가 실현되고 있는가의 여부에 주목하고 있다. 예를 들어 다원적인 정당 간 경쟁은 실현되고 있지만 참정권 부여가 유산 계급의 남성에게 한정되어 있던 19세기 전반까지의 영국 정치는 자유화가 선행하는 한편 포괄성이 낮은 사례로 거론되고 있다. 반대로 보통선거가 확립되어 있어도 여당 세력이 탄압받는 등 정당한 경쟁이 행해지지 않는 싱가포르는 포괄성은 높아도 자유화가 실현되어 있지 않은 예라는 것이 된다. 이러한 두 가지 형식적 요건을 충족하고 있는가를 척도로 삼았을 때 전후 일본은 폴리아키, 즉 자유민주주의 국가로서 존립해왔다고 간주된다.

여기서 로버트 달의 논의로부터 조금 벗어나, 단순히 폴리아키로서의 형식적(법제도적) 요건을 충족하고 있는가의 여부가 아니라, 데모크라시의 실질적인 면에 착안하여 그가 사용한 개념 틀을 원용해보면, 형식적 요건으로서 보통선거가 실현되었다고 해도 실제 투표율이 너무 낮거나 선거 이외의 국면에서 정치 참가가 공허해지는 상황에서는 데모크라시가 의미가 없어진다고 말하지 않을 수 없다. 한편 정당 간 경쟁이 활발한 것처럼 보여도 일당 우위제 하에서 정권 교체가 일어나지 않는 상황이라면 역시 리버럴 데모크라시의 실질이 다소 결여되어 있다고 말하지 않을 수 없다. 그런 의미에서 로버트 달이 다루고 있는 포괄성과 자유성이란 두 가지 척도는 형식적으로는 폴리아키로서 확립되어 있는 정치 체제에서도 유효하다고 볼 수 있을 것이다.

이런 시점에서 파악해보았을 때 민주당의 승리가 가지고 왔던 정권 교체는 처음으로 유권자의 투표 행위의 결과, 최대 야당과 여당이 뒤바뀌었다는 의미에서 일본 정치의 자유화에 크게 이바지했다.

민중 없는 '민주혁명'

2009년 가을 임시 국회에서의 소신표명 연설에서 하토야마 유키오 수상은 스스로의 정권이 착수한 변혁을 '무혈의 헤이세이 유신' 혹은 '국민에게로의 대정봉환大政奉還(1867년 일본 에도 막부가 천황에게 국가 통치권을 돌려준 사건—편집자 주)'이라고 불렀다. 또한 그에 앞선 같은 해 1월, 당시 아직 야당·민주당 대표였던 오자와 이치로도 당 정기대회 인사말 가운데에서 '우리들 민주당의 실현 목표는 명확합니다. 첫 번째로 '국민의, 국민에 의한, 국민을 위한 정치'를 실현한다. 단순한 표현입니다만, 이것이 민주주의의 원점입니다. (중략) 어떻게든 양대 정당제 아래서 처음으로 정권 교체를 실현하여 일본에 의회제 민주주의를 정착시키지 않으면 안 됩니다'라고 언급했다.

이처럼 민주당 지도부 입장에서 정권교체는 그야말로 일본 정치의 민주화 그 자체였다. 정치 주도라는 이름이 민주당 정권의 하나의 슬로건이 되었는데, 선거에서 국민들에게 선택된 정치가가 관료들을 대신해서 통치를 행하는 구조를 실현시키는 것이야말로 이 역사적 정권 교체의 의의라고 생각하고 있었던 것이다.

국민의 대표자라고 할 수 있는 정치가들이 관료들을 대신해서 정치를 담당해야 한다는 생각은 민주당으로 점차 결집되어갔던 몇몇 정치 세력의 밑바탕에 흐르던 중요한 신조였다. 애당초 1993년 자민당으로부터 제각각 개별적으로 분리했던 신생당과 신당 사키가케라는 서로 다른 성격을 지닌 정치 조류가 실은 공유하고 있었던 것이었으며 시간이 흘러 2003년의 민주당·자유당 합병을 지탱해준 정치이념이었다.

그러나 일본의 민주 정치에 있어서 역사적인 일대 사건인 정권 교체가 실현되었을 때, 너무나 기쁜 나머지 분수로 첨벙 뛰어드는 지지자들이나 경적소리를 드높이며 거리를 활주하는 자동차가 보였던 것은 아니었다. 역사적인 '민주화' 순간치고는 그 주역, 즉 민주화를 짊어졌던 시민들의 모습은 어디에도 보이지 않았다. '말랑말랑한 지지'가 움직이고, 낮기만 했던 투표율이 일시적으로 회복된 것은 사실이었지만 새로운 집권당을 지지하는 민중적 기반의 교체 내지는 확대에 있어서는 이렇다 할 점이 없었다.

바꾸어 말하자면 로버트 달이 말하는 포괄성 내지는 참가의 차원에서 커다란 진전이 있었던 것은 아니다. 정권 교체는 그야말로 '집권당'의 교체로 한정된 '민주적 쇄신 없는 집권당 교체'에 불과했던 것이다. 민주당 승리에 의한 정권 교체의 의의는 '무혈의 민주 혁명'이라고까지는 말할 수 없었고, 그저 일본 정치의 민주화에 대한 공헌으로서 정당 정치의 자유화를 통한 한정적인 것이었다.

물론 일본 정치의 자유화를 촉진시킨 획기적인 역사로서의 정권 교체의 의의를 무시할 수는 없다. 보다 다원적인 정치 공간의 맹아를 잉태시켰다는 사실은 적극적으로 평가되어야 마땅할 것이다. 그러나 민주당에 의한 정권 교체의 취약성은 자유화의 움직임이 민주적 쇄신에 뒷받침되지 못했다는 것에서 기인하고 있었다. 확고한 사회적 기반이 결여되었기 때문에 정치의 자유화에 반발하는 정치 세력의 저항에 한차례 부딪히자 그대로 신 정권은 급격히 그 속도를 잃고 허망하게도 변절하고 분열되었다.

자유주의 정당

'정치의 자유화'의 산물이었던 민주당은 단순히 정권 교체의 달성에 의해 그 프로세스를 하나의 도달점에 이르게 했을 뿐만 아니라 전반적으로 자유주의적 정책지향을 가진 정당이기도 했다. 물론 민주당이란 정당이 명확하고 체계적인 자유주의적 정치 이념을 표방하고 그 깃발 아래 집결했던 정치가들이나 당원, 지지자들에 의해 구성된 정당은 아니었다. 신구 우파가 혼재된 구 신진당,

자유주의적 경향이 강한 구 사키가케 등 자민당 출신자들과 구 민사당이나 구 사회당의 중도 좌파까지 혼재된 상태여서 응집력이 낮았다는 사실은 부정할 수 없다.

그러나 이념적인 혼탁함이나 정책적인 모순이 보인다는 비판은 현대 정치의 좌표축에서 중도적인 위치를 차지하게 된 자유주의 정당이 공통적으로 받을 수 있는 것으로, 비단 일본의 민주당에 국한된 것은 아니라는 점 또한 사실이다.

서장에서도 언급했던 것처럼, 19세기 근대에 보수 반동의 지배에 도전하는 급진적 좌파 이데올로기로 전개된 자유주의는 20세기에 이르러 우월적인 이데올로기로서의 자리를 굳힘과 동시에 가장 좌파의 입장을 사회주의에게 양보하고 정치 축의 중앙에 진을 치게 되었다. 그 과정에서 귀족·지주 계급의 권익을 뒤흔드는 레세페레laissez faire(자유방임주의. 사유재산과 기업의 자유를 옹호하여 이에 대한 국가권력의 간섭을 최소한으로 제한하려는 주의-역자 주) 경제를 주창하는 고전적 자유주의가, 노동자 계급의 대두와 함께 점차 정부의 역할에 충실한 복지 정책으로까지 확대할 것을 표방하는 입장(오늘날 표준적인 용어법에서 말하는 리버럴리즘)으로 이행되어갔다.

그러던 것이 1970년대 이후에는 신자유주의에 의해 작은 정부 노선으로의 회귀가 진행되었다. 오늘날에는 원리로서 '자유에 반대'라는 입장을 (적어도 서양 세계에서는) 생각하기 힘들 정도로 자유주의 전성시대가 되고 있다. 사람들의 관심은 '어떤 자유를 얼마만큼 존중해야 할까'로 옮겨가고 있으며 신자유주의를 포함한 이른바 복수형의 자유주의들 가운데서의 논쟁으로 변용되고 있다고까지 말할 수 있다.

이러한 전개가 이루어지고 있는 가운데 오늘날의 자유주의에는 사회민주주의와 보수사상 양쪽과 각각에 중복되는 부분이 보이게 되었다. 예를 들어 현재의 영국 자유민주당만 해도 당원·지지자 레벨에서는 중도 좌표 경향이 강하지만 양대 정당 모두 의석과반수 획득을 놓친 2010년 총선거 결과를 받아들여 노동당이 아니라 보수당과의 연립 내각 형식을 시도했다. 이것은 당내에서는 경제적 자유를 비교적 중시하는 우파로 간주된 닉 클레그Nick Clegg 당수 등 당 집행부가 견인했던 움직임이었지만, 지지자들의 이해를 얻지 못해 2015년 총선거까지는 지지가 격감하는 결과를 초래했다.

팬케이크 정당

일본 정치라는 문맥 속에서 집권 여당인 자민당과 대치하는 가운데 야당으로서 성장한 민주당은 전반적으로 자유주의적 경향을 띤 이념·정책을 수용해갔다. 중요한 것은 자민당의 신우파 전환에 호응하면서, 그리고 다른 정당의 흡수 합병에 의한 당세 확장을 반영하여, 민주당 안에서 그때마다 상이한 자유주의 측면이 들러붙어서, 이른바 팬케이크처럼 몇겹으로 쌓여져 갔다는 사실이다(표2).

구우파 연합이 여전히 자민당의 정책 지향을 크게 규정하는 한편, 오자와가 이끄는 신진당이 '끊임없는 개혁', '책임 있는 정치'라며 신우파 전환의 기치를 드높이고 있던 1996년, '제3극' 형성을 목표로 신당 사키가케의 하토야마 유키오와 간 나오토를 축으로 사민당 일부를 빼내오는 형태로 생겨난 구 민주당은 '자립과 공생을 바탕으로 한 민주주의', '시민 중심 사회' 등을 내걸고, '시

	구 민주당 '제3극'
1996년	하토야마, 간, 마에하라, 에다노 유키오枝野幸男 등(구 사키가케) 아카마쓰 히로타카赤松広隆, 센고쿠 요시토仙谷由人, 요코미치 다카히로橫路孝弘 등(구 사회당)
	'시민의 당', '미래 지향의 정치적 네트워크'
	'자본주의적 자유주의'와 '사회주의적 평등주의'에 대한 '우애 정신에 바탕을 둔 자립과 공생의 원리'
	'지나친 대미 의존을 탈피하여 미일 관계를 새로운 차원에서 심화시켜 가는 동시에 아시아 태평양의 다자 간 외교를 중시'
	신 민주당 '제1야당'
1998년	하타 쓰토무, 기타자와 도시미北沢俊美, 시카노 미치히코鹿野道彦, 오카다 가쓰야 등(구 신진당) 가와바타 다쓰오川端達夫, 나오시마 마사유키直嶋正行 등(구 민사당)
	'민주 중도'
	'우리들은 정권 교체 가능한 정치 세력의 결집을 그 중심에 두고 나아가, 국민에게 정권 선택을 촉구하는 것에 의해 이 이념을 실현할 정부를 수립하겠습니다'
	'시장만능주의'와 '복지지상주의'에 대한 '자립한 개인이 공생하는 사회'
	민주당·자유당 병합 '양대 정당'
2003년	오자와, 후지이 히로히사藤井裕久, 야마오카 겐지山岡賢次 등(구 자유당)
	'국민의 생활이 제일', '콘크리트에서 사람으로', '칠드런퍼스트 (Children first-아이 제일)'

표 2 민주팀의 발선

민'이나 '우애'을 키워드로 '정계·관계·재계 유착의 이권 정치'나 '관료 주도의 국가 중심형 사회'와의 결별을 선언했다.

한편 신진당이 해체되자 오자와와 헤어진 보수 계열이나 구 민사당 계열이 합류했던 1998년 신 민주당 결성에 즈음해서는 "시장만능주의'나 '복지지상주의'의 대립 개념을 뛰어넘어 자립한 개인이 공생하는 사회를 목표로 정부의 역할을 그를 위한 시스템 형성에 한정하는, '민주 중도'의 새로운 길을 창조하겠습니다'라는 기본 이념을 주창하고 같은 해 여름의 참의원 선거에서는 '대담하게! 근본적으로! 구조 개혁을 경제를 재건하겠습니다', "선택의 자유'와 '서로 기대게 해주는 안심'을 소중히 하겠습니다', '관료의 참견, 정치가의 주선을 허락지 않겠습니다'라는 자유주의적 정치·사회와 신자유주의적 경제를 지향하는 개혁의 담당자로서 자민당을 뛰어넘을 것을 강조하게 되었다. 이러한 민주당의 존재가 하시모토(나 오부치) 하에서 자민당이 신우파 전환을 추진해간 배경에 있었다.

이처럼 서로 개혁을 경쟁하는 자세는 2001년 고이즈미 정권이 탄생한 후에도 이어졌다. 같은 해 여름에는 '똑같은 개혁이라도 내용이 다르다. 민주당의 개혁!'이라며 정부 여당의 구조 개혁 노선에 찬성하면서도 그 구체적 내용이나 스피드, 개혁의 '아픔'의 분배, 개혁을 보완하는 세이프티 네트의 정비에서 자민당과는 차원이 다르며 또한 그 앞을 먼저 나아가고 있음을 호소했다. 그러나 현실에서는 고이즈미 자민당 정권에게 개혁의 깃발을 빼앗겨버린 상황이 되어 민주당의 힘과 빛이 결여된 채 수세에 몰렸다.

이런 와중에 2003년 자유당과의 합병을 거쳐 2006년 오자와가 대표에 취임했을 무렵까지는 고이즈미 구조 개혁 노선의 여러 폐해가 분명해졌던 것과 맞물려 민주당은 전략 전환을 추진해간다. 신우파 연합이 승리하고 이데올로기나 정념이 앞서 내달리게 된 자민당에 대해, 국민 생활의 물질적 안정의 필요성에 초점을 맞쥐, 바야흐로 중도 우파에서 중도 좌파까지 규합하는 자민당의 대항 세력이 된다. 민주당은 2007년 참의원 선거와 2009년 중의원 선거에서 '국민의 생활이 제일', '콘크리트에서 사람으로'를 슬로건으로 승리를 거두었던 것이다.

여기에 이르러 과거 철저한 신자유주의적 개혁의 보완물로서 자리매김했던 리버럴한 세이프터 네트의 구축이 국민의 생활을 지키는 정치의 사명 그 자체로서 전면에 나오게 되었다. 쓸데없는 것들을 배제하는 행정·재정 개혁은 세이프트 네트 구축의 재원 확보를 위한 수단으로 우선순위가 바뀐 형국이 되었던 것이다.

이러한 변천을 거시적으로 조망해보면 신우파 전환을 추진해갔던 자민당과의 대항으로 인해, 민주당의 이념이나 정책도 상당히 변모되어왔다는 것이 분명해진다. 하지만 그와 동시에 그것이 '자립과 공생'을 주축에 둔, 신자유주의를 포함한 광의의 자유주의의 틀 안에서의 변용이었다는 점을 지적할 수 있다.

물론 신자유주의적 뉘앙스가 배어 있는 '자립'이 '공생'과 어떻게 균형을 유지할까 하는 점이나 '공생'이라고는 해도 리버럴한 이해(보편주의적 복지 정책)와 생활보수주의적 이해(구우파 연합의 정치적 후견주의) 중 어느 편인가 하는 점 등에 대해 당으로서 공통 이해가 확립되어 있었던 것은 아니다. 민주당으로의 참가, 정계 진출의 배경이나 타이밍 등에 따라 그런 점들은 제각각이었다. 팬케이크 상태로 층을 이루며 중첩되었던 것들의 총체가 민주당이라는 자유주의적 대체정당이었던 것이다. 나아가 선거에 협력한 사민당과 국민신당과 연립을 이루어냈기에 가능했던 정당 교체였다.

미완의 '정권당 교체'

그러나 민주적 쇄신을 동반하지 않는 단 한 번의 총선 결과에 의해 '정치의 자유화'가 관철될 정도로, 전전戰前부터 전후戰後의 긴 세월에 걸쳐 일본을 계속 지배해왔던 보수 세력은 호락호락하지 않았다. 정권 교체라기보다는 '정권당 교체'라고 부르는 편이 더 어울릴 정도였다. 민주당이 추진한 정치의 자유화가 확고한 민중적 기반이 없었던 것 외에도 이유는 있었다. 종래의 집권당이었던 자민당이 현실 속에서 정권의 전부가 아니라, 그 일부를 이루고 있었던 것에 불과했기 때문이다.

자민당이 하야한 후에도 민주당이 체현하는 정치의 자유화에 계속 항거한 정치권력이 있었다. 물론 그 필두는 '정치 주도'에 의해 가장 직접적으로 그 지위를 위협받게 된 관료제였다.

보수 장기 정권의 틀 속에서 자민당과 관료제는 '자민=관청 혼합체'(사토 세자부로佐藤誠三郎·마쓰자키 데쓰히사松崎哲久 『자민당 정권自民党政権』 p.5)라고도 칭해지는 밀접한 관계를 구축하고 있다. 스스로의 매니페스토Manifesto를 가지고 다방면에 걸친 정책들의 발본적 변혁을 공언하는 민주당의 정권 장악은 그야말로 환영받을 수 없는 사태였던 것이다.

이러한 반발은 정권 교체 전 통상 국회 중, 농림수산성 사무차관이 민주당의 농업 정책에 대해 말하는 기자회견 자리에서, '우리 성에서 해왔던 농업 정책과는 라인이 전혀 다르다'라고 비판하여 물의를 빚었던 것에 단적으로 드러나 있다. 민주당과의 상호 불신은 심각해서 하토야마 내각의 정무 3역이 전반적으로 관료를 배제한 형태로 중요한 정책 결정을 진행시키는 자세를 보였기 때문에 관료 측도 일찍이 없던 소외감과 위기감을 맛보게 되었다. 이에 따라 적극적으로 신 정권에 협력하고자 하는 태도는 거의 찾아볼 수 없었다.

신 정권이 일정한 지지율을 유지하고 있던 당초, 관료들로부터 흘러나왔던 것은 외곽으로 내쫓겨진 것에 대한 불평이나 정무 3역의 '정권 담당 능력' 결여에 대한 험담이 많았다. 정면에서 드러나게 반발이나 비판을 하는 경우는 아직 드물었지만 관료제 안에서도 비교적 '독립성'이 높고 따라서 정치 주도의 영향을 받기 어려운 당청은 정권 교체에 대한 거절 반응을 보다 명확하게 내비치는 경우가 있었다.

그중에서도 민주당 정권 탄생에 가장 집요하게 저항을 계속했던 것은 검찰청이었다. 애당초 최대 야당 대표였던 당시부터 오자와를 노린 검찰 조직(법무 관료)의 폭주라고도 부를 만한 민주 정치 프로세스에 대한 노골적인 개입은 '오자와를 둘러싼 일련의' 수사나 사건, 혹은 '리쿠잔카이陸山会 사건(오자와 이치로 대표의 정치자금 관리 단체인 리쿠잔카이를 압수수색하고 이 단체의 회계 책임자이자 오자와 대표의 수석 비서를 체포함. 이후 오자와는 무혐의로 끝나고 기소율 99%를 자랑하는 천하의 도쿄지검 특수부는 오자와 민주당 간사장 공략에는 결국 실패함—역자 주)' 등 막연한 이름으로밖에는 부를 방법이 없는 국책 수사였다. 오지와라는 야당 성지가 개인을 표적으로 한 것으로 정권 교체 후에도 검찰은 정치자금 규정 위반 용의로 현직 국회의원을 포함한 전직 비서의 체포·기소에 이르렀다(그 후 검찰 심사회의 의결에 따라 오자와 본인도 강제 기소).

검찰청이 주도하고 매스컴이 부채질했던 '정치와 돈'의 문제는 야당 시절부터 거의 일관되게 민주당만을 계속 뒤흔들었고 하토야마가 수상을 사임하는 한 요인이 되었을 뿐 아니라 결국에는 오자와의 처우를 둘러싸고 민주당을 완전히 갈라놓는 데 성공했다.

매스컴 역시 민주당이 내거는 자유화에 의해 기자 클럽 제도 등에 대해 위협당하는 존재였다. 이에 따라 종래의 정치권력의 형태를 유지하도록 민주당 내각에 대한 강한 거부 반응을 보였다. 애당초 보도 각사 정치부의 상층부 대부분은 자민당 특정 간부의 전담 기자 출신들로 거의 채워져 있어서 민주당 정책 주도권에는 전반적으로 냉담했다.

또한 원래라면 정권 교체를 기회로 당연히 검증의 대상이 되어야 할 이전 정권(자민당 장기 정권)의 정치·정책상의 책임을 파헤치는 일에 대해 나태했다. 이는 재정 적자로부터 도쿄전력 후쿠시마 제1원자력 발전소 사고에 이를 때까지 일관된 태도였다. 이렇게 해서 신문으로 말하자면 신우파 미디어(산케이·요미우리)가 닥치는 대로 민주당 공격에 열을 올리는 한편 기존 체제 미디어(아사히·닛케이)는 또 다른 의미에서의 보수성을 보였다. 정치를 자유화하려던 민주당 정권은 정치 보도에 있어서 아주 이른 단계에서 고립무원의 상태에 빠졌던 것이다.

물론 일본노동조합총연합회의 지지를 받은 민주당에 대해 정보산업에 국한되지 않고 재계 전체도 냉담했다.

하토야마 내각 붕괴의 가장 직접적인 원인이 된 것으로부터도 알 수 있듯이, 외교 정책 특히 후텐마 기지 이전 문제의 전망에 최대 차질을 초래했던 것은 종래의 미일 관계의 전망과 재검토를 거부한 미국 측의 완강한 태도였다. 미국은 정권 교체와 민주당이 내건 일본 정치의 자유화에 전혀 준비되지 않은 상태였다. 고이즈미 이후 대미 추종 노선에 완전히 익숙해져 있어서 2009년 중에는 일본에 대해 '예속국'을 대하는 고압적인 태도를 관철시켰다고 해도 과언이 아니었다.

이러한 경향은 이른바 '지일파'라 불리는 정책 관계자 속에서 현저했다. 여기서도 '자민=관청 혼합체'와의 유착 관계 비슷한 친밀함이 엿보였다. 2010년에 들어와 미국의 보다 광범위한 외교 전문가들로부터 하토야마 내각의 새로운 시도를 환영해야 한다는 제언도 산발적으로 보이게 되었지만 자국의 외교 관료에게 배신당하고 매스컴으로부터 냉대 받은 수상의 '나홀로 연극'은 어이없이 뭉개진 후였다. 이때 사민당은 연립에서 이탈했다.

이처럼 민주당의 '민주적 쇄신 없는 자유화'는 '집권당 교체'의 현실 속에서, 자민당 하야 후에도 여전히 뿌리 깊게 남아 있던 기존의 정치 세력이라는 벽에 부딪혔을 때, 그 취약함을 고스란히 드러냈다. 민중적 기반이 결여되어 있던 것에 의해 2009년 중의원 선거 압승으로부터 1년 만에(득표수로는 자민당을 웃돌았지만) 참의원 선거에서의 참패와 공수가 뒤바뀐 '뒤틀림 국회'의 재도래를 초래해버렸던 것이다. 이렇게 해서 아이러니하게도 민주당은 '정권 교체'는 고사하고 '정권당 교체'마저도 완수할 수 없었던 것이다.

민주당의 분열과 붕괴

2009년의 총선거 승리에 의한 정권 교체로부터 겨우 9개월 남짓하여 하토야마와 오자와가 각각 총리대신, 간사장을 사임하고 정권은 부총리 겸 재무대신이었던 간 나오토에게 이어졌다. 그러나 취임 후 곧바로 실시된 참의원 선거에서의 패배, 민주당 대표

선거에서의 오자와와의 대결을 거쳐, 간 나오토가 추진해간 이른 바 '오자와·하토야마 배제', '오자와 처단'은 민주당을 정권 교체로 이끌었던 트로이카 체제의 붕괴뿐 아니라 자유주의 정당으로서의 민주당의 종말의 시작을 의미하고 있었다.

오자와·하토야마의 균열이 결정적인 것이 되어가는 와중에, 간 나오토는 스스로를 민주당 차세대를 담당하는 '칠봉행' 세대로 이어지는 다리로서 의미부여하며 당내 기반의 확보를 꾀하고 소비세 증세를 도마 위에 올림으로써 재무성 지지를 얻어 정권을 운영하고자 시도했다. 하지만 그것은 다름 아닌 새로운 신우파 전환의 큰 파도를 불러오기 시작했음을 의미하고 있었다.

여기서 오자와의 처우 문제라는 정국 과제와 매니페스토의 재검토 및 소비세 증세의 시비를 가린다는 정책 과제를 둘러싼 권력 투쟁이 겹쳐지며 민주당이란 팬케이크를 지지해왔던 예민한 균형은 상실된다.

결국 민주당에 의한 정권 교체의 실패는 그 '정상頂上 작전', 바꿔 말하자면 '민주적 쇄신 없는 자유화'의 한계에 기인하고 있었다. 정치 이념으로서는 전반적으로 자유주의적 경향을 가진 정치 세력이 집결했다고는 해도, 팬케이크 조직의 실태는 구태의연한 '개인 상점의 연합체', 즉 개개의 정치가들의 후원회 조직의 연맹에 지나지 않았던 것이다. 그런 점에서 애당초 당 조직 형태에서 보수 명망가 정당인 자민당과 매한가지였다.

열린 공공재로서의 정당 구축을 소홀히 해왔던 것으로 인해 취약한 민중적 기반밖에는 가지지 못했던 민주당은, 자민당을 물리칠 수는 있었어도 관료제, 매스컴, 재계, 미국 등 두꺼운 장벽을

앞에 두고 '국민의 생활이 제일'이란 지침을 쉽사리 방기한 채 지지를 잃어갔다. 그러자 이번엔 즉시 정국, 나아가 정계 재편이라는 이름의 또 다른 '개인 상점'의 이합집산이 획책되는 사태를 맞이해버렸던 것이다.

또한 자유주의 정당으로서 치명적인 이러한 '민주적 체질의 허약함'은 비단 개개의 유권자들과의 관계뿐 아니라 시민단체나 사회운동 등 이른바 중간 단체와의 관계에서도 연계가 약했다는 비판을 지적당할 만하다. '자립 생활 서포트 센터 모야이(특정비영리활동법인. 노숙자나 파견노동자나 생활보호대상자의 자립을 지원하는 단체—역자 주)'의 유아사 마코토湯浅誠 씨(당시)나 '자살대책지원센터 라이프링크(자살종합대책·자살 유족 케어 추진, 자살 예방을 위한 각종 계몽활동을 하고 있는 특정비영리활동법인—역자 주)'의 시미즈 야스유키清水康之(일본의 사회운동가. 전직 NHK 디렉터. 강상중에게 사사받음—역자 주) 씨의 내각부 참여 임명 등 획기적인 인사 발령의 사례도 보였지만, 조직 레벨에서의 연계·협력이 충분했다고는 평가하기 어려웠다.

오자와는 신우파 전환된 자민당으로부터 이반을 기대할 수 있는 구우파 연합의 고객 단체들(농협, 의사회, 토지개량사업, 트럭 협회 등)을 자민당으로부터 벗겨내오는 일에만 관심을 보였고, 반면 반 오자와 칠봉행 세대는 전반적으로 신자유주의적 발상에서 중간 단체와의 연계 그 자체를 싫어하는 경향이 강했다. 결국 '말랑말랑한' 지지에만 의지하여 막상 선거에서 패하게 되자 민주당 그 자체가 구름처럼 안개처럼 사라져 버릴 정도로 미약했다.

2 '리버럴 좌파 연합' 재생의 조건

하염없는 우경화의 위기

민주당이 '총체적으로 무너진' 결과, 남은 정당 시스템이 그때까지 한 번도 경험해보지 못했을 정도로 균형을 상실하게 되었다는 사실에 대해서는 이미 제3장에서 지적한 대로다. 야당 시절을 거쳐 한층 우경화된 자민당이 정권 복귀를 이루어냈을 뿐만 아니라 새로운 신우파 내지는 극우의 위성정당으로 현재의 '유신당'('일본 유신회'와 '모두의 당'으로부터 분리한 유이노당結いの党이 합체)이나 차세대당('일본 유신회'로부터 분리)이 탄생하고 한편 잔존했던 민주당은 노다 정권에서의 '자민당화'를 담당했던 세력이 중심이 되고 있으며 오자와 그룹은 거의 괴멸상태가 되었다.

소선거구제 논자들로부터 그래도 여전히 언젠가 다시 한 번 '진자'의 원리로 인해 정권 교체가 일어날 것이라는 '낙관론'이 들리고 있으나 그 근거가 될 만한 사실은 현 상황에서 발견되지 않는다. 물론 아베 정권이 언제까지고 계속될 거라는 말은 아니다. 오히려 지금까지의 이 책의 분석이 올바르다면 한정적인 회귀, 혹은 중간 휴식이 예기된다. 하지만 신우파 연합이 자민당뿐만 아니라 관료제나 미디어, 재계 등을 포함한 정치 시스템 전체를 거의 제압해버린 현재, 2009년 단계의 민주당에 필적할 정도의 내실을 가진 대체정당이 나타날 보증 따위는 어디에도 없다. 실제로 민주당과 유신당의 연계 강화, 나아가서 합병된다는 소문도 있지만 자민당 신우파 연합과의 의미 있는 차이는 발견되지 않는다.

신우파 전환의 진자는 1980년대 이후 항상 지렛목도 함께 오른쪽으로 움직이면서 흔들려왔으며 회귀라고 해도 극히 한정적인 회귀에 불과했다는 사실을 이 책에서는 명확히 해왔다. 또한 제1장에서 구우파 연합의 성공이 동시에 대가로서의 금전적 비용(재정 부담과 정치 부패)의 증대를 동반하였고, 바로 그 점에서 신우파 전환의 시작과 구우파 연합의 종말의 실마리가 있었다는 점을 지적했다.

신우파 연합이 절정에 달한 오늘날 예기되는 것은 구우파 연합과 마찬가지로 그 성공의 비용이 내부로부터 신우파 연합의 붕괴를 유발시키는 것이다. 그렇다면 신우파 연합의 비용이란 무엇일까. 그것은 신우파 연합의 모순을 덮고 그 아래에서의 국민통치를 가능케 해왔던 아이덴티티나 정념(파토스)을 조작하는 복고 이데올로기다. 당초 국제협조주의의 커다란 흐름 안에서 시작된 신자유주의 개혁이나 '국제 공헌'론이 대미 추종 노선의 과두 지배로 변화해갔을 때 그야말로 역사수정주의를 중핵으로 한 국가주의 복고 이데올로기로의 전환이 추진되어왔음을 되짚어 보아야 할 것이다.

신자유주의든 국가주의든 실제로는 이미 간판이 다 떨어져 버렸다. 이미 트랜스내셔널한 엘리트들에 의한 글로벌한 과두 지배가 국민 국가를 공허하게 만드는 현실을 더 이상 감출 수 없게 된 지금, 금후 반미 복고주의에 의해 일본을 더더욱 '되찾자'라는 목소리가 우경화에 박차를 가해갈 것이다.

바꾸어 말하자면 이대로 대체정당 없이 신우파 연합의 폭주가 계속된다면, 우경화의 다음 스테이지는 대미 추종 노선으로는 도저히 억누를 수 없을 데까지 복고주의적 국가주의 정념이 분출하게 되는 것이다. 우치다 다쓰루內田樹 역시 '대미 추종을 통해 대미 자립을 이루어낸다'고 하는 '독립 작전'이 파탄을 맞이했을 때, '유치한 반미주의'가 분출될 가능성을 지적한다(우치다 다쓰루·시라이 사토시白井聡 「일본전후사론日本戦後史論」 p.210–213). 그러나 그때 일본은 완전히 국제 사회로부터 고립되게 될 것이다.

우경화에 대한 균형(반대) 세력을 다시금 구축하기 위해서는 자유주의(리버럴) 세력과 혁신(좌파) 세력이 제각각 재생되고 어떠한 형태로든 상호 연계할 수밖에 없다. 그러나 이것은 결코 쉬운 일이 아니다. 여태까지 거듭 지적해왔던 것처럼 우경화 경향이 현저해진 것은 비단 일본만의 문제가 아니기 때문이다. 신우파 전환이 초래시킨 정치적 우경화의 귀결로서의 과두 지배가 글로벌한 규모로 거듭 확산되고 있는 것이 현실인 것이다. 일본만큼이나 리버럴 좌파 세력이 약체화한 자유민주주의 체제는 매우 드물다고 해도, 어디에도 눈부신 성공의 예라고 부를 만한 예가 없다.

또한 일본에서 신우파 전환의 부분적 회귀를 일으켰던 1989년 참의원 선거에서의 도이 사회당의 승리, 자민당·사회당·신당 사키가케 연립내각, 1998년의 '뒤틀림 국회', 그리고 민주당의 약진과 정권 교체 등의 선행 예들을 봐도 모두가 부분적이고 일시적인 것으로 끝났다는 사실을 통해 그것이 얼마나 어려운 일인지 분명히 알 수 있다.

그러나 '민주적 쇄신 없는 자유화'가 결국 '반자유 정치'로 귀착한 지금, 민주적 쇄신과 자유화의 두 마리 토끼를 쫓는 것 이외에 대체정당 형성은 바랄 수 없는 게 아닐까.

이미 남겨진 지면이 한정되어 있기에 리버럴 좌파 연합 재흥을 위한 본격적인 논고는 또 다른 기회로 양보할 수밖에 없지만 여기서 그를 위한 기본 조건을 세 가지 제시하고 이 책을 마치고자 한다.

소선거구제 폐지

첫 번째 조건은 선거제도의 재검토, 즉 소선거구제 폐지를 중심으로 한 선거제도 개혁이다. 애당초 일본에서 소선거구제를 도입한 경위를 보면 의도적으로 사표死票가 많은 제도를 만들어 정당제 과점화를 '양대 정당제화'라는 미명 아래 추진하고자 했던 것이다. 그것은 이른바 고의적으로 과점 시장을 만든다는 것이었다. 그런 의미에서 유권자와 정당 정치가의 관계를 자유 시장에서의 매매에 비유하는 유추analogy는 처음부터 파탄이 났다.

'다수파 지배majority rule'를 표방하면서 실제로는 기껏해야 '상대 다수 지배plurality rule'에 머무는 '소수파 지배minority rule'가 소선거구제의 실태라는 것은 이미 언급했던 대로다.

게다가 후보자 레벨에서의 과점 상태(양대 정당제화)에서 '승자 독식'으로 독점(최고 후보밖에는 당선되지 않는 소선거구 레벨에서도, 의회 제1당에 의한 단독 정권이 통상적인 정부 레벨에서도)을 만드는 제도는 자유 시장에서의 수급 조절 메커니즘과 전혀 다른 것이다. 이렇다면 유권자의 투표 행동에 근거한 정당에 대한 시장 규제가 온전히 기능할 것을 기대하는 편이 오히려 이상하다.

오히려 과점 시장 논리를 생각했을 때 양대 정당이 결탁하고 공모하여 담합이나 카르텔을 형성할 가능성이나 권력을 독점하는 단독 정권이 유권자들을 무시하고 폭주할 가능성이 크다고 생각하는 쪽이 당연하다. 현실적으로 노다 민주당의 '자민당화'를 거쳐 현재의 아베 자민당의 폭주에 이르게 되어버렸다.

민주주의의 원점으로 되돌아가 소선거구 비례대표 병용제 등의 비례대표제를 시민사회 측에서 요구해가는 것이 불가결할 것이다. 또한 국제적으로 봐도 극히 낮은 여성이나 소수자 정치대표의 민주성을 높이기 위해 쿼터quota(할당)제 도입을 추진해야 한다(미우라 마리三浦まり·에토 미키코衛藤幹子『젠더 쿼터—세계의 여성 의원은 왜 증가했는가ジェンダ-·クオ-タ-世界の女性議員はなぜ増えたのか』).

신자유주의와의 결별

　두 번째는 리버럴 세력이 신자유주의와 결별하는 것이다. 기업주의나 이기적 욕망이나 정념 추구를 정당화하는 도그마에 빠진 신자유주의는 실은 자유주의도 그 무엇도 아니다. 오히려 신자유주의 개혁이 초래한 정치 경제의 과두 지배는 폭력이나 빈곤, 격차 등 오늘날 개인의 자유나 존엄을 위협하는 최대 원인이 되고 있다.

　신자유주의가 어느새 장악하여 글로벌 기업의 자유의 최대화로 바꾸어버린 '자유' 개념을 리버럴 세력이 다시금 되찾아 경제적 자유에 그치지 않는, 풍요로운 개인의 자유의 의미를 재구축해가야 한다.

　이것은 자유 시장에서의 경쟁의 장점을 부정하는 것이 결코 아니다. 시장화나 민영화, 규제 완화 등이 현실에서는 자유로운 시장이 아니라 과점 시장을 만들거나 과점 기업에게로 이권을 양도하거나 하는 것에 불과하다는 사실을 직시한다는 것이다.

　마찬가지의 이야기를 대미 추종에 대해서도 말할 수 있다. 극단적인 반미주의로의 전환을 회피하기 위해서라도 국제협조주의 속에서 절도를 가진 대미 협조로의 회귀가 타당할 것이다. '미일 관계를 중시하면서 미국·일본을 포함하는 아시아 태평양 각국 간의 새롭고 다양한 중층적 신뢰 관계 구축과 그 강화에 큰 노력을 기울어야 한다'는 사고에 근거하여 '의원 외교, 지식인 외교, 민간 경제 외교, 시민 사회 외교' 등의 추진을 제창하는 싱크 탱크·신외교 이니시어티브New Diplomacy Initiative(ND, 2013년 미일·동아시아 각국에서 정보의 수집·발신, 각국 정부에 대한 정책 제언 서포트 등을 통해 의원 외교, 지식인 외교, 민간경제 외교, 시민사회 외교 등 새로운 외교를 추진할 것을 목적으로 성립된 일본의 싱크 탱크-역자 주)의 활동 등은 이러한 시도의 맹아를 나타내고 있다.

리버럴을 자임하는 도시 중간층이 공무원 비판이나 생활보호비 판 등 안이한 신자유주의 프로파간다에 동조하여 발산시켜버리는 울분이나 정념의 절반만이라도, 현재의 대미 추종이나 기업 지배가 얼마나 자신이나 자신의 가족들을 불행하게 하고 있는지 냉정히 분석하는 사고에 할당하게 된다면, 정치의 모습은 크게 바뀌어갈 것이다.

글로벌한 과두 지배의 확산에 저항한다는 것은 정신이 아찔해질 정도로 힘겨운 일이지만, 끈기 있게 운동의 범위를 넓혀 정치나 경제가 잃어버린 밸런스를 회복해가는 수밖에 없다. 그 수가 매우 많다고는 할 수 없지만 개이의 존엄을 위해 싸우고 있는 리버럴 세력은 위축됨 없이 이상을 이야기하고 적극적으로 진보적인 가치를 발신하고 글로벌한 시민사회와의 연계를 심화시켜나가지 않으면 안 된다(반노 준지坂野潤治·야마구치 지로山口二郎 『역사를 반복하지마라歷史を繰り返すな』 p.7-14).

동일성에 바탕을 둔 단결에서 타자성을 전제로 한 연대로

일찍이 혁신 세력은 정치, 사회, 경제의 자유화에 온전히 대응할 수 없어서 점차 빈약해지는 상황에 빠져버렸다. 또한 민주당의 경우도 민중적 기반이 부족했던 것이, 한차례 장벽에 부딪혔을 때 순식간에 무참한 퇴진을 할 수밖에 없게 된 원인이었다. 개인의 자유와 존엄성에 바탕을 둔 사회 운동을 기반으로 했을 때 리버럴 좌파로부터의 대체정당 구축이 현실적인 것이 될 것이다.

그를 위해서는 세 번째 조건으로서, 기존의 동일성(아이덴티티)에 의거한 단결에서 상호 타자성을 받아들이고 동시에 연대를 서로 추구하는 형태로, 좌파 운동의 형태, 바꿔 말하면 집합문화(에토스 ethos)의 전환을 추진해가지 않으면 안 된다. 전위 정당이나 조합 간부로부터의 상의하달적 조직 모델은 교조주의나 독선에 빠지게 할 뿐이었다.

오늘날 공산당과 사민당은 여성이나 LGBT(성적 소수자)의 정치 참여를 리드하는 움직임을 보여주고 있어서, 굼뜬 민주당의 대응이 눈에 띌 정도다.

또한 탈원전 운동을 계기로 새롭게 태어난 다양한 액티비즘 activism(적극적 행동주의–역자 주)은 서로 다른 자유로운 개인들이 연계하고 서로 협력하고 지혜를 나누는 형태(에토스)로의 이행에 의해, 이미 특정기밀보호법이나 집단적 자위권 행사 용인의 해석개헌에 대한 반대, 혐오 스피치에 대한 반대, 인종차별주의에 대한 반대 anti-racism, 페미니즘, LGBT, 오키나와로의 연대 등 여러 가지 반항 운동으로 확대와 회춘을 보여주고 있다.

과거에는 상호 경합했던 운동체가 '전쟁하도록 내버려 두지 않

을 것이다·헌법 9조를 파괴하지 말라! 총동원 행동 실행 위원회'
등과 같이 과거의 경위를 뛰어넘어 적극적으로 공동 투쟁하는 국
민이 증가하고 있다. 기독교나 불교, 신종교 등의 반전평화운동의
시도도 활발해졌으며 일본변호사연합회나 '내일의 자유를 지키는
소장 변호사 모임あすわか(아스와카)'등도 눈부신 활약을 보이고 있다.
학자들도 목소리를 높이기 시작했다.

나아가 '자유와 민주주의를 위한 학생 긴급 행동(SEALDs, 2015년 5
월부터 2016년 8월까지 활동한 일본의 학생단체. 트위터Twitter나 라인LINE에서 존재를 알게
된 각지의 젊은이들이 지방 도시에서도 그룹을 결성-역자 주)' 등 젊고 새로운 움
직임이 활기를 주고 있다. 또한 '전 일본 아줌마 당'이나 '화낼 수
있는 여자 모임' 등, 여성들에 의한 정치 참가의 참신한 형태의 모
색도 커다란 약동을 느끼게 한다.

또한 비디오뉴스 닷컴(비디오 저널리스트 진보 데쓰오神保哲生가 개국한 뉴스 전
문 인터넷 방송국-역자 주), IWJ(Independent Web Journal, 저널리스트 이와카미 야
스미岩上安身가 설립한 인터넷 보도 미디어-역자 주), OurPlanetTV(2001년 설립된
비영리 얼터너티브Alternative 미디어로 젠더나 어린이, 환경이나 인권 등의 테마를 중심으로
독자적으로 제작한 다큐멘터리 프로그램이나 인터뷰 프로그램을 인터넷으로 발신 중-역자
주), 데모크라 TV(2013년 3월부터 운영되고 있는 포털 사이트. 저널리스트로 아사히
신문 전임 편집위원인 야마다 아쓰시山田厚史가 대표-역자 주) 등 독립 계통의 인터
넷 미디어나 프리랜서·저널리스트들의 활동도 시민들이 만드는
새로운 공공공간과 정치 참여 확대를 격려하고 있다.

신우파 전환이 시간을 들여 파괴해온 자유민주주의의 여러 제
도들을 다시금 만들어 세우는 동시에 리버럴 세력이 신자유주의
도그마와 결별하고 좌파 세력이 자유화·다양화를 한층 추진함으

로써 민중적 기반을 넓혔을 때, 비로소 리버럴 좌파 연합에 의한 반전 공세가 성과를 거두게 될 것이다.

길은 험난하고 시간은 한정되어 있지만 결코 질 수 없는 싸움은 이미 시작되고 있다.

후기

　연구자로서 일본 정부의 신우파 전환과 우경화라는 테마에 대해 고민하게 되고 나서 벌써 10년의 세월이 지나버렸다. 고이즈미 준이치로 정권에서의 구조 개혁(신자유주의)과 야스쿠니 참배(국가주의)의 조합에서 하시모토 류타로, 그리고 나카소네 야스히로 정권, 또한 영국의 마가렛 대처 정권 등과의 유사점과 관련성이 상기되었던 것이 계기였다.

　당초의 연구는 조치대학上智大学 COE프로그램「지역 입각형 글로벌스터디즈의 구축AGLOS」의 틀 안에서 수행할 수 있었고 그 후에도 조치대학 동료들의 도움을 받아왔다. 글로벌스터디즈연구과 글로벌사회전공, 국제교양학부, 그리고 글로벌컨선GLOBAL CONCERN 연구소 동료들에게 이 자리를 빌려 감사의 마음을 전하고 싶다. 그중에서도 가장 큰 영감의 원천은 무라이 요시노리村井吉敬 씨였다. 너무나 빨리 돌아가 버리신 무라이 씨와 ㄱ 좋은 반려로서 존경을 금할 수 없는 연구자이기도 한 우쓰미 아이코內海愛子 씨에게 이 책을 바치는 외람됨을 부디 용서해주시길 바란다.

　이 책의 구상과 집필 시 수많은 발표와 의견 교환의 장에서 소중한 코멘트나 비판을 받았다. 그 모든 말씀에 일일이 감사 인사를 드리는 것은 불가능하지만, 그중에서도 재외 연구로 체재했던

214

뉴질랜드 오클랜드대학의 마크 마린즈 씨를 비롯하여 오타고대학University of Otago의 케빈 클레멘쓰, 쇼기멘 다카시将基面貴巳, 시바타 리아柴田理愛, 독일에서는 함부르크 대학University of Hamburg의 가브리엘 포그트, 베를린 자유대학Free University Berlin의 베레나 브렛힝거−타르콧Verena BLECHINGER−TALCOTT, 브리티시컬럼비아대학교The University of British Columbia의 이브 티베르기앙Yves Tiberghien 씨, 뒤스부르크−에센 대학교University of Duisburg−Essen의 엑셀 클라인, 오스트레일리아 국립대학의 리키 커스텐Rikki Kersten(현재는 머독대학교Murdoch University)과 후지와라 잇페이藤原一平, 공익재단법인 일불회관日仏会館의 쟌 미셸 뷰텔Jean−Michel Butel(프랑스 국립 동양언어문화대학), 영국 일본연구협회 일본지부의 필립 시튼Philip Seaton(홋카이도대학)과 실비아 크로이든CROYDON Silvia(교토대학), 도쿄대학 사회과학연구소의 그레고리 노벨NOBEL Gregory W.과 이시다 히로시石田浩, 시가대학滋賀大学 경제학부 리스크연구센터의 로버트 아스피놀 각 선생님들에게 감사의 말씀을 전하고 싶다. 또한 이 책의 마지막 장 제1절이 「'정권교체'란 무엇이었는가, 어떻게 실패했는가─민주당과 리버럴리즘의 과거와 미래 「政権交代」とは何だったのか、どう失敗したのか─民主党とリベラリズムの来し方と行く末」(『세계世界』 2012년 9월호 게재)에 의거하고 있음을 아울러 적으며, 『세계』 편집부 여러분들이 평소 각별히 배려해주시는 것에 대해 감사 말씀을 드린다.

학술적인 정치학 연구의 틀에 좀처럼 담아낼 수 없는 장에서도 많은 분들로부터 가르침을 받았다. 96조 모임과 입헌 데모크라시 모임의 고 오쿠다이라 야스히로奧平康弘, 히구치 요이치樋口陽一, 야마구치 지로山口二郎 각 선생님을 비롯하여 간사회나 발기인 여러

분들, 일반재단법인일본재건이니시아티브一般財団法人日本再建イニシア
ティブ의 후나바시 요이치船橋洋一 씨와 다와라 겐타로俵健太郎 씨, 일
본외국특파원협회나 도쿄에 있는 각국 대사관 여러분들, 교도통
신사 정경담화회사무국의 이와미 유리岩見由理 씨, 일본 가톨릭 사
제협의회 여러분들, 그리고 집회나 강연회에서 이야기를 나눌 기
회를 주셨던 시민운동관계자 여러분들에게 진심으로 감사의 말씀
을 올린다.

마지막으로 은사 아서 스톡퀸Arthur Stockwin 교수님, 그리고 가장
가까운 연구자 미우라 마리三浦まり 씨, 이 책의 간행에 진력해주셨
던 이와나미서점 신서 편집부의 나카야마 에이키中山永基 씨, 현재
는 영업국 마케팅부에 계시는 야마카와 료코山川良子 씨, 정말 감사
했습니다. 너무나 사랑하는 조카와 아들, 그리고 동세대 젊은이
들이나 아이들이 언젠가 읽어주시면 좋겠다고 바라면서 썼습니다
만, 아직 부족한 점이 많은 것은 모두 저의 책임입니다. 함께 보
다 좋은 '전후 80주년'을 열어갈 수 있기를 기원하면서 펜을 놓습
니다.

2015년 6월
나카노 고이치

우리는 어디로 가고 있는가

뜨거운 책이었다. 일본의 젊은 정치학자 나카노 고이치 씨가 쓴 이 책은 일본의 현대 정치 및 사회에 대한 저자의 날카로운 시선을 가감 없이 드러내고 있다. 전 세계를 덮친 신자유주의의 물결에 따라 바야흐로 일본에도 도래한 사회 양극화, 리버럴 세력의 위축, 자유민주주의의 후퇴. 현대 일본 정치의 다양한 양상에 대해 논하는 이 책은 깊은 고뇌와 뜨거운 분노로 가득 차 있었다.

차가운 책이었다. 나카노 고이치 씨는 일본 정치를 지극히 객관적인 시선으로 바라보며 그 본질을 선연히 드러내고 있다. 마치 수술대 위에 오른 환자를 무균의 장갑을 낀 채 날카로운 메스로 해부하는 의사처럼, 객관적인 시각을 잃지 않으며 일본 정치의 면면을 날카롭게 분석하고 있는 것이다. 특이한 점은 결코 국부적인 측면에 매몰되지 않도록, 항상 일본 정치의 전체적인 틀 속에서, 혹은 세계적인 현상과 비교해가며, 거시적이고 역동적인 시각으로 바라보고자 한다는 점이다.

일본의 현대 정치 및 사회를 이해하는 데 더할 나위 없이 중요한 시점을 제시하고 있다. 태평양 전쟁 패전 이후 일본이 걸어왔던 노정을 이해하는 데 필독서라고 할 수 있다. 패전 이후 국민정당으로서 오랜 세월 정권을 잡아왔던 자민당이 어떻게 태어났고 무슨 이유로 정권을 빼앗겼는지, 그리고 어떠한 과정을 거쳐 다시 정권을 장악하여 현재에 이르렀는지 담담히 서술해가고 있다. 이런 과정은 혁신 세력이 쇠퇴해가는 과정과 맞물려 생명체로서의 일본 정치의 민낯을 그대로 드러내고 있다. 아울러 과거의 자민당과 현재의 자민당이 어떻게 다른지도 다이나믹하게 분석하고 있다.

우리의 현재와 미래에 대해서도 생각하게 만드는 책이다. 전 세계적으로 신자유주의가 일렁이는 바로 지금, 우리는 어떠한 자세로 사회를 바라보고, 어떤 용기를 가지고 어떠한 세력과 연대해야 하는지, 생각하게 만든다. 우리가 어디로 가야 하는지, 그러기 위해서는 어떠한 노력을 해야 하는지, 정치가 얼마나 따뜻한 것이며 인간적인 것일 수 있는지, 이 책은 말하고 있는 것이다. 정치에 대해 무관심했던 것을 반성하게 만드는 책이었다.

좋은 책이다. 많은 분들이 읽어주시길 진심으로 바란다. 양질의 이와나미 신서를 한국사회에 꾸준히 소개하는 에이케이커뮤니케이션즈에 깊은 감사의 마음을 전한다.

2016년 10월 20일
옮긴이 김수희

참고문헌

아오키 오사무青木理『르포 납치와 사람들―구출 모임·공안 경찰·조총련ルポ 拉致と人々―救う会·公安警察·朝鮮総聯』이와나미서점岩波書店, 2011년.

이오 준飯尾潤『민영화의 정치 과정―임시행정조사회형 개혁의 성과와 한계民営化の政治過程―臨調型改革の成果と限界』도쿄대학출판회東京大学出版会, 1993년.

이시다 다케시石田雄『일본의 사회과학日本の社会科学』도쿄대학출판회東京大学出版会, 1984년.

이토 마사야伊藤昌哉『이케다 하야토와 그 시대池田勇人とその時代』아사히문고朝日文庫, 1985년.

우치다 다쓰루内田樹·시라이 사토시白井聡『일본전후사론日本戦後史論』도쿠마쇼텐徳間書店, 2015년.

우치야마 유内山融『고이즈미 정권―'파토스의 수상'은 무엇을 바꿨는가小泉政権―「パトスの首相」は何を変えたのか』주코신서中公新書, 2007년

마이클 오크숏Oakeshott, Michael(시마즈 이타루嶋津格 외 번역)「보수적이라는 것保守的であるということ」, 『정치에 있어서의 합리주의政治における合理主義』(증보판) 게이소쇼보勁草書房, 2013년.

오사카 이와오逢坂巌『일본 정치와 미디어―텔레비전의 등장에

서 인터넷 시대까지日本政治とメディア—テレビの登場からネット時代まで』주코신서中公新書, 2014년.

오타케 히데오大嶽秀夫『자유주의적 개혁의 시대—1980년대 전기의 일본 정치自由主義的改革の時代—1980年代前期の日本政治』주오코론샤中央公論社, 1994년.

오히라 마사요시大平正芳『어지러운 속세의 잡다한 구실風塵雑俎』가지마출판회鹿島出版会, 1977년.

오쿠다이라 야스히로奥平康弘·아이코 고지愛敬浩二·아오이 미호青井未帆『개헌의 무엇이 문제인가改憲の何が問題か』이와나미서점岩波書店, 2013년.

오자와 이치로小沢一郎『일본개조계획日本改造計画』고단샤講談社, 1993년.

제럴드 커티스Gerald L. Curtis『'일본형 정치'의 본질—자민당 지배의 민주주의「日本型政治」の本質—自民党支配の民主主義』TBS–BRITANNICA, 1987년.

가와사키 야스시川崎泰資·시바타 데쓰지柴田鉄治『조직 저널리즘의 패배—속·NHK와 아사히신문組織ジャーナリズムの敗北—続·NHKと朝日新聞』이와나미서점岩波書店, 2008년.

앤드류 갬블Andrew Gamble(오가사와라 요시유키小笠原欣幸 역)『자유 경제와 강한 국가—내처리슴의 정치학自由経済と強い国家—サッチャリズムの政治学』미스즈쇼보みすず書房, 1990년.

구사노 아쓰시草野厚『국철 개혁—정책 결정 게임의 주역들国鉄改革—政策決定ゲームの主役たち』주코신서中公新書, 1989년.

나오미 클라인(이쿠시마 사치코幾島幸子·무라카미 유미코村上由見子 역)『쇼크 독

트린―참사 편승형 자본주의의 정체를 폭로한다ショック·ドクトリン―惨事便乗型資本主義の正体を暴く』上·下, 이와나미서점岩波書店, 2011년.

고토 겐지後藤謙次『다큐멘터리 헤이세이 정치사1 붕괴하는 55년 체제ドキュメント 平成政治史1 崩壊する55年体制』이와나미서점岩波書店, 2014년.

사이토 다카오斎藤貴男『르포 개헌 조류ルポ 改憲潮流』이와나미신서岩波新書, 2006년.

사사키 겐쇼 편저佐々木憲昭編著『변모하는 재계―일본 경단련 분석変貌する財界―日本経団連の分析』신니혼슛판샤新日本出版社, 2007년.

사토 세자부로佐藤誠三郎·마쓰자키 데쓰히사松崎哲久『자민당 정권自民党政権』주오코론샤中央公論社, 1986년.

조지프 슘페터Joseph Schumpeter(나카야마 이치로中山伊知郎·도바타 세이치東畑精― 역)『자본주의·사회주의·민주주의資本主義·社会主義·民主主義』(신장판) 도요케이자이신포샤東洋経済新報社, 1995년.

조마루 요이치上丸洋―『「제군!諸君!」「정론正論」의 연구―보수 언론은 어떻게 변용되어왔는가「諸君!」「正論」の研究―保守言論はどう変容してきたか』이와나미서점岩波書店, 2011년.

찰머스 존슨Charlmers Johnson(야노 도시히코矢野俊比古 감역)『통산성과 일본의 기적通産省と日本の奇跡』TBS―BRITANNICA, 1982년.

로버트 앨런 달Robert A·Dahl(다카바타케 미치토시高畠通敏·마에다 오사무前田脩 역)『폴리아키ポリアーキ―』(Polyarchy) 이와나미문고岩波文庫, 2014년.

다케나카 하루카타竹中治堅『수상 지배―일본 정치의 변모首相支配―日本政治の変貌』주코신서中公新書, 2006년.

다케무라 마사요시武村正義『작아도 반짝 빛나는 나라·일본小さ

くともキラリと光る国·日本』고분샤光文社, 1994년.

　다와라 요시후미俵義文「아베 수상의 역사인식의 내력을 파헤친다安部首相の歴史認識の来歴をさぐる」, 하야시 히로후미林博史·다와라 요시후미俵義文·와타나베 미나渡辺美奈『'무라야마·고노 담화' 재검토의 착오—역사인식과 '위안부' 문제를 둘러싸고「村山·河野談話」見直しの錯誤—歴史認識と「慰安婦」問題をめぐって」가모카와출판かもがわ出版, 2013년.

　다와라 요시후미俵義文『다큐멘터리 '위안부' 문제와 교과서 공격ドキュメント「慰安婦」問題と教科書攻撃』고분켄高文研, 1997년.

　나카키타 고지中北浩爾『현대 일본의 정당 데모크라시現代日本の政党デモクラシー』이와나미신서岩波新書, 2012年.

　나카키타 고지中北浩爾『1955년 체제의 성립一九五五年体制の成立』도쿄대학출판회東京大学出版会, 2002년.

　나카키타 고지中北浩爾『자민당 정치의 변용自民党政治の変容』NHK출판, 2014년.

　나카소네 야스히로中曽根康弘『새로운 보수의 논리新しい保守の論理』고단샤講談社, 1978년.

　나카소네 야스히로中曽根康弘『자성록—역사 법정의 피고로서自省録—歴史法廷の被告として』신초샤新潮社, 2004年.

　나카노 고이치「현대 일본의 '내셔널리즘'과 글로벌화—'정치적 반사유와 경제적 자유'의 정치연구現代日本の「ナショナリズム」とグローバル化—「政治的反自由と経済的自由」の政治研究」, 기시카와 다케시岸川毅·나카노 고이치中野晃一 편『글로벌한 규모/로컬한 정치—민주주의의 행방—グローバルな規範/ローカルな政治—民主主義のゆくえ』조치대학출판上智大学出版, 2008년.

나카노 고이치中野晃―「정권·당운영―오자와 이치로만이 원인 인가政権·党運営―小沢一郎だけが原因か」, 일본재건이니시어티브日本再建イニシアティブ『민주당 정권 실패의 검증 일본 정치는 무엇을 살려야 할까民主党政権 失敗の検証 日本政治は何を活かすか』주코신서中公新書, 2013년.

나카노 고이치中野晃―『전후 일본의 국가보수주의―내무·자치 관료의 궤적戦後日本の国家保守主義―内務·自治官僚の軌跡』이와나미서점岩波書店, 2013년.

나카노 고이치中野晃―「야스쿠니 문제와 마주한다ヤスクニ問題とむきあう」, 나카노 고이치中野晃―＋조치대학21세기 COE프로그램上智大学二一世紀COEプログラム 편『야스쿠니와 마주한다ヤスクニとむきあう』메콘めこん, 2006년.

일본경제단체연합회日本経済団体連合会『희망의 나라, 일본, 비전 2007希望の国、日本 ビジョン二〇〇七』일본경단련출판日本経団連出版, 2007년.

데이비드 하비David Harvey(와타나베 오사무渡辺治 감역)『신자유주의―그 역사적 전개와 현재新自由主義―その歴史的展開と現在』사쿠힌샤作品社, 2007年.

핫토리 유지服部龍二『오히라 마사요시 이념과 외교大平正芳 理念と外交』이와나미서점岩波書店, 2014년.

하라 도시오原寿雄『아베 정권과 저널리즘의 각오安倍政権とジャーナリズムの覚悟』이와나미Booklet岩波ブックレット, 2015년.

하라 요시히사原彬久『기시 노부스케―권세의 정치가岸信介―権勢の政治家』이와나미신서岩波新書, 1995년.

반노 준지坂野潤治·야마구치 지로山口二郎『역사를 반복하지 마라

歴史を繰り返すな』이와나미서점岩波書店, 2014년.

후쿠나가 후미오福永文夫『오히라 마사요시 '전후 보수'란 무엇인가大平正芳 「戦後保守」とは何か』주코신서中公新書, 2008년.

프랜시스 후쿠야마フランシス・フクヤマ(와타나베 쇼이치渡部昇一 역)『역사의 종말—역사의 '종점'에 선 최후의 인간歴史の終わり—歴史の「終点」に立つ最後の人間』上・下 (신장신판), 미카사쇼보三笠書房, 2005년.

호소카와 모리히로細川護熙『나이쇼로쿠—호소카와 모리히로 총리대신의 일기内訟録—細川護熙総理大臣日記』일본경제신문출판사日本経済新聞出版社, 2010년.

미우라 마리三浦まり・에토 미키코衛藤幹子 편저『젠더 쿼터—세계의 여성 의원은 왜 증가했는가ジェンダークオーター—世界の女性議員はなぜ増えたのか』아카시쇼텐明石書店, 2014년.

미쿠리야 다카시御厨貴・세리카와 요이치芹川洋一『일본 정치—격하게 공감하는 문답日本政治—ひざ打ち問答』일본경제신문출판사日本経済新聞出版社, 2014년.

미쿠리야 다카시御厨貴・마키하라 이즈루牧原出 편『듣고 쓰는 노나카 히로무 회고록聞き書 野中広務回顧録』이와나미서점岩波書店, 2012년.

미야자와 기이치宮澤喜一『신・호헌 선언—21세기의 일본과 세계新・護憲宣言—21世紀の日本と世界』아사히신문사朝日新聞社, 1995년.

무라야미 도미이치村山富市・사타카 마코토佐高信『'무라야마 담화'란 무엇인가 「村山談話」とは何か』가도카와쇼텐角川書店, 2009년.

모리 가즈코毛里和子『중일 관계—전후부터 새로운 시대로日中関係—戦後から新時代へ』이와나미신서岩波新書, 2006년.

야쿠시지 가쓰유키薬師寺克行 편『무라야마 도미이치 회고록村山

富市回顧録』이와나미서점岩波書店, 2012년.

야나기사와 교지柳澤協二『망국의 안보 정책—아베 정권과 '적극적 평화주의'라는 함정亡国の安保政策—安倍政権と「積極的平和主義」の罠』이와나미서점岩波書店, 2014년.

와타나베 오사무渡辺治「아베 정권이란 무엇인가安倍政権とは何か」, 와타나베 오사무渡辺治・고토 미치오後藤道夫・니노미야 아쓰미二宮厚美『〈대국〉에 대한 집념—아베 정권과 일본의 위기<大国>への執念—安倍政権と日本の危機』오쓰키쇼텐大月書店, 2014년.

우경화하는 일본 정치

초판 1쇄 인쇄 2016년 11월 20일
초판 1쇄 발행 2016년 11월 25일

저자 : 나카노 고이치
번역 : 김수희

펴낸이 : 이동섭
편집 : 이민규, 김진영
디자인 : 이은영, 이경진, 백승주
영업 · 마케팅 : 송정환, 안진우
e-BOOK : 홍인표, 김효연
관리 : 이윤미

㈜에이케이커뮤니케이션즈
등록 1996년 7월 9일(제302-1996-00026호)
주소 : 04002 서울 마포구 동교로 17안길 28, 2층
TEL : 02-702-7963~5 FAX : 02-702-7988
http://www.amusementkorea.co.kr

ISBN 979-11-274-0333-1 04340
ISBN 979-11-7024-600-8 04080

UKEIKASURU NIHON SEIJI
by Koichi Nakano
ⓒ2015 by Koichi Nakano
First published 2015 by Iwanami Shoten, Publishers, Tokyo.
This Korean edition published 2016
by AK Communications, Inc., Seoul
by arrangement with the proprietor c/o Iwanami Shoten, Publishers, Tokyo

이 도서의 국립중앙도서관 출판예정도서목록(CIP)은 서지정보유통지원시스템
홈페이지(http://seoji.nl.go.kr)와 국가자료공동목록시스템(http://www.nl.go.kr/kolisnet)에서
이용하실 수 있습니다. (CIP제어번호: CIP2016025221)

*잘못된 책은 구입한 곳에서 무료로 바꿔드립니다.